ALPHONSE KARR.

CE QU'IL Y A
DANS UNE BOUTEILLE D'ENCRE.

DEUXIÈME LIVRAISON :

CLOTILDE

II

PARIS
DESESSART, ÉDITEUR,
RUE DES BEAUX-ARTS, 15.
1839

CLOTILDE.

II

PUBLICATIONS RÉCENTES ET PROCHAINES.

GÉRARD.

LÉO BURKART, drame en cinq actes, avec prologue
et préface.   1 vol. in-8.

THÉOPHILE GAUTIER.

LA COMÉDIE DE LA MORT, poésies,	1 vol. in-8.
LE CAPITAINE FRACASSE,	2 vol. in-8.

JULES DE SAINT-FÉLIX.

CLARISSE DE RONI,	2 vol. in-8.
Mme LA DUCHESSE DE LONGUEVILLE,	1 vol. in-8.
LOUISE D'AVAREY,	2 vol. in-8.

COMTESSE DASH.

Mme LOUISE DE FRANCE.	1 vol. in-8.
L'ÉCRAN.	1 vol. in-8.

ÉMILE BARRAULT.

EUGÈNE,   2 vol. in-8.

HÉGÉSIPPE MOREAU.

MYOSOTIS,   1 vol. in-8.

CLÉMENT XIV ET CARLO BERTINAZZI, 5e édition.   1 vol. in-8.

Imprimerie d'AMÉDÉE GRATIOT et Ce, rue de la Monnaie, 11.

CE QU'IL Y A DANS UNE BOUTEILLE D'ENCRE.

Seconde Livraison :

CLOTILDE

PAR

Alphonse Karr.

II

PARIS
DESESSART, ÉDITEUR,
RUE DES BEAUX-ARTS, 15.
1839

I.

Arthur fit à Tony Vatinel un accueil convenable quoiqu'un peu froid. Tony, tout le temps de la soirée, se tint dans un coin du salon, et il n'aurait pas fait autre chose que regarder Clotilde, si Robert n'était venu de temps en temps échanger quelques paroles avec lui. Il y avait heureusement, d'ailleurs, assez de monde pour que la préoccupation de Tony ne fût pas remarquée.

Clotilde était changée, ses traits avaient perdu ce calme, cette indécision du visage de la jeune fille. Cependant elle était charmante autrement, sans qu'on pût dire qu'elle le fût moins ou plus qu'autrefois. Ses formes développées, sa démarche plus assurée, sa voix, son sourire, ses gestes, tout avait subi des modifications que Tony étudiait avec le plus vif intérêt. Il la comparait avec la Clotilde d'autrefois, et il avait besoin de se répéter : c'est bien elle, c'est bien la même. Sous certains aspects, éclairée de certaines façons, il ne la retrouvait pas; mais elle garda quelques instants une attitude qui lui était familière autrefois, et Tony, alors, ne vit plus en elle aucun changement. Il la voyait de profil, le col penché en avant; — les longues boucles de ses cheveux qui pendaient un peu détachées du côté opposé à celui de Vatinel, formaient un fond sur lequel se découpait nettement son profil ravissant. Quand elle releva la tête et rejeta un peu ses cheveux en arrière, il sembla à Tony que c'était un fantôme qui s'évanouissait. Il ne revit plus Clotilde que dans ses pieds et dans la couleur de ses cheveux. Il épiait le moment où un nouveau changement de position la ferait reparaître à ses yeux.

Il l'avait saluée en entrant, mais il n'avait pas cherché l'occasion de causer avec elle; occasion que, du reste, elle n'avait nullement paru lui offrir. Leur conversation, sans se connaître, au bal de l'Opéra, les embarrassait également. D'où fallait-il reprendre; de leurs adieux au Hâvre, au moment où Tony y avait conduit Arthur et Clotilde pour les faire embarquer? Tony avait alors renoncé à Clotilde, qui le lui avait demandé au nom de son bonheur à elle.

Ou fallait-il reprendre de cette conversation

de l'Opéra qui avait appris à Vatinel que Clotilde l'avait réellement aimé, et que, peut-être, elle l'aimait encore.

C'était à Clotilde à décider ce point

Alida ne vint pas ce jour-là chez son frère; elle était extrêmement irritée de la scène du bal, quoique la dernière et la plus profonde blessure eût été pour Clotilde. En regardant sa femme, Arthur de Sommery s'étonnait de lui voir montrer aussi peu de ressentiment du mot si dur qu'il avait laissé échapper, et dont elle avait paru mortellement frappée.

II.

— Ah! dit Tony Vatinel, en s'en allant avec Robert Dimeux, que je l'aimais bien mieux avec sa simple robe gris foncé, — lorsque nous étions à Trouville!

— Tant que tu ne préféreras à la Clotilde de Paris que la Clotilde de Trouville, il ne faut pas te flatter d'être extrêmement bien guéri de ton amour. Je crois même devoir t'avertir que c'est un symptôme assez fâcheux.

— Et qui t'a dit, Robert, que je voulais guérir de mon amour? Pourquoi ne me proposes-tu pas de me guérir de mon cœur, de me guérir de ma vie. J'ai perdu Clotilde; elle ne peut être à moi; — et, d'ailleurs, ce qu'elle est aujourd'hui, ce n'est plus Clotilde. — J'ai perdu Clotilde, laisse-moi mon amour!

— Tu me donnes, du reste, une preuve de ce que je t'ai dit, bien satisfaisante pour l'amour-propre d'un philosophe. L'objet de ton amour est si bien une femme de ton invention, que tu as besoin qu'elle soit à un certain éloignement. A peine es-tu auprès d'elle que tu te mets à l'adorer à soixante lieues et à un an de distance.

— L'amour est comme un de ces petits jardins de quelques toises carrées, que l'on a sillonnés d'allées, de détours et de labyrinthes. Si on le traversait droit, il y aurait à faire de trois à cinq pas; mais, grâce aux circonvolutions que l'on est obligé de faire entre les petits défilés bordés de buis, grâce aux fréquents retours sur ses pas, on fait huit ou dix lieues sur quatre toises. — Il y avait autrefois une manière de faire un pèlerinage à Jérusalem, qui consistait à faire deux pas en avant et un en arrière ; — tu as trouvé encore mieux que cela.

Tu fais deux pas en avant et au moins deux en arrière ; tu fais tomber la dernière allée du labyrinthe dans la première, de telle façon que les circuits sont toujours à recommencer sans qu'il soit jamais possible d'arriver au mur.

Voyons, Tony, penses-tu consacrer toute ta vie à un semblable exercice ; tu as reçu de la nature de belles facultés ; ne penses-tu pas à te distinguer, à te faire un nom, à devenir quelque chose?

— Pfff! répondit Tony.

III.

Il est quelques personnes auxquelles peut-être la réponse pleine de sens et de sagacité par laquelle Tony Vatinel termine le chapitre précédent, peut sembler manquer de quelque clarté. — Nous traduirons donc par nos propres impressions le *pfff* de Tony Vatinel ; — car pour nous ce *pfff* est encore un de ces mots qui en disent plus qu'ils ne sont gros.

Les honneurs que l'on rend aux hommes distingués ne sont qu'une amorce pour faire faire à de bonnes gens crédules certaines corvées sociales qu'il est plus commode d'admirer que de faire soi-même. Et encore leur fait-on payer les vertus et les belles actions comptant, et remet-on les honneurs à l'époque de leur mort.

On s'occupe volontiers en France de rendre des honneurs aux grands hommes morts; on dépense pour leur tombe un argent qui leur eût été fort utile pendant leur vie, et qui leur eût peut-être évité le désagrément d'une immortalité prématurée.

Cela vient peut-être de ce qu'on aime également beaucoup à enterrer les grands hommes, et que leur mort semble toujours être la plus belle action de leur vie, ou du moins celle dont on leur sait le plus de gré, tant on manifeste alors une recrudescence d'enthousiasme et d'admiration.

Une seule chose m'étonne, c'est qu'on n'ait pas encore jusqu'ici imaginé de les enterrer vivants; c'est une idée que je n'émets qu'avec une grande timidité : beaucoup peuvent la trouver séduisante et chercher à l'appliquer. Cicéron disait : « Il n'y a en fait de religion qu'une absurdité que les hommes n'aient pas encore inventée, c'est de manger leur Dieu. » On a depuis profité de l'avis. Je serais réellement fâché d'être cause qu'on enterrât vifs M. Rossini ou M. Hugo.

Je crois que la France produit trop de grands hommes pour sa consommation, et qu'elle craint d'être consommée par eux; elle en fait tant qu'elle peut l'exportation.

Mais aucune époque, autant que celle-ci, peut-être, ne s'est montrée empressée d'en finir avec les grands hommes; aucune n'a si vite et si légèrement décerné l'immortalité aux vivants. On voudrait faire des dieux à la manière des gardes prétoriennes quand elles se défaisaient d'un empereur, dont on commandait d'avance l'apothéose.

A peine un homme, aujourd'hui, a-t-il fait deux romances, ou manifesté, par un commencement d'exécution, l'intention de faire un vaudeville, qu'on fait son buste, sa statuette, sa statue, sa biographie : toutes choses autrefois à l'usage des morts.

On l'immortalise d'avance et en effigie, et quand il est mort une bonne fois, on n'a plus qu'à l'enterrer.

Ou plutôt, de ce moment on se plaît à le considérer comme mort et enterré; ses fossoyeurs prennent sa place : chacun à son tour.

M. David, qui a fait un fronton pour le Panthéon, y a taillé dans la pierre de futurs grands hommes. C'est une remarquable fatuité aux yeux des étrangers de leur montrer ainsi, dans ce temple consacré à nos grands hommes, des grands hommes jusque au-dehors, jusque sur les toits, un débordement de grands hommes qui n'ont pas pu tenir dans le temple.

Peut-être, si l'on fait des temples aux grands hommes, serait-il bon de fixer un temps où l'immortalité serait prescrite, un temps où il n'y aurait plus d'appel ni de recours en cassation.

Si l'on ne déclare pas par une bonne loi après combien de temps un *mort* pourra s'endormir sur les deux oreilles sans se voir chicaner son immortalité, il arrivera ce qui est arrivé :

Que les petits hommes d'une époque jetteront à la voirie les grands hommes de l'époque précédente ;

Que les successeurs des petits hommes ramasseront les os de leurs grands hommes ;

Et que l'on court grand risque de se tromper d'os et de donner dans le Panthéon asile à quelques gredins qui ne s'y attendaient guère.

Mais quand on aura fait, et discuté, et promulgué une loi à ce sujet, qui garantira l'efficacité de cette loi et qui empêchera de remplacer cette loi par une autre loi, comme les grands hommes par d'autres grands hommes? Car il n'est pas d'époque qui n'ait un demi-quarteron de grands hommes, qu'elle ne soit pas fâchée de mettre sous des marbres assez lourds pour qu'ils ne puissent se relever. C'est du reste le secret des riches tombeaux que font les héritiers à ceux dont ils héritent.

Sérieusement, à propos du Panthéon, il faut avouer qu'il n'est rien d'aussi ridiculement barbare que le changement de destination des édifices.

Les gens qui font de telles choses semblent toujours chercher à faire croire à la postérité que l'histoire commence à eux, et que ce qui a précédé ne vaut pas la peine d'être conservé.

Les monuments, ces masses de pierres, sont semés dans le temps par les hommes qui passent, comme les cailloux que le petit Poucet, des contes de Perrault, semait sur la route qu'il voulait retrouver. Seulement, c'est à ceux qui viendront après que ces masses de pierres doivent servir de guides pour leurs investigations dans l'histoire des mœurs et des arts.

Il y a dans le cabinet des figures de cire un enfant vêtu richement, avec un cordon bleu en bandoulière. Le démonstrateur l'a donné successivement et selon les circonstances comme le roi de Rome, le duc de Bordeaux, le duc de Montpensier, le comte de Paris.

Il y a encore une industrie qui consiste à afficher sur les murs un morceau de papier sur lequel on lit :

TELLE RUE, TEL NUMÉRO,
ON DÉGAGE LES EFFETS DU MONT-DE-PIÉTÉ,
POUR EN PROCURER LA VENTE.

Il paraît que l'industrie est bonne, car la concurrence est ardente. Voici ce que quelques-uns ont imaginé : comme le métier est identiquement le même, ils collent seulement sur l'adresse du rival une bande de papier contenant leur propre adresse, et ils trouvent à cela un triple avantage. Ils sont annoncés, le concurrent ne l'est plus, et ils diminuent leurs frais d'impression et de papier en les lui faisant payer.

C'est précisément ce que font les grands hommes du présent avec les grands hommes du passé.

Voilà à peu près ce que voulait dire le *pfff* de Tony.—Robert, probablement, l'avait compris et l'avait trouvé sans replique, car il ne répondit pas un mot.

quand il passait près d'un balayeur ou d'un allumeur de réverbères, parce qu'ils ont le malheur d'être sous l'administration de la police. A Trouville, il appelait l'afficheur de la mairie « suppôt du pouvoir, » et ne voyait pas le maire pour ne pas avoir l'air « d'aduler l'autorité. »

En littérature, il connaissait M. de Béranger, et le mettait sans hésiter au-dessus d'Horace, qu'il n'avait jamais lu, et aussi Désaugiers, dont il savait plusieurs chansons grivoises. C'était à table surtout qu'il se manifestait dans toute sa splendeur. Il parlait des folies de sa jeunesse, des femmes de chambre de sa mère, ravissantes créatures qui l'adoraient, des petites cousines, aux maris futurs desquelles il avait joué de bons tours, etc., etc.

Mais tout cela ne sortait pas du fond du personnage; il avait eu soin de faire baptiser ses enfants et de leur faire faire leur première communion, parce qu'il faut « faire comme tout le monde. » Il se soumettait scrupuleusement à toute mesure émanée de la mairie, et son fils ayant voulu prendre à la lettre les principes professés par son père, s'en trouva plus d'une fois fort mal. La première fois, pour avoir, à l'âge de douze ans, fait dans l'église des petites galiotes de papier, et les avoir fait flotter sur l'eau du bénitier, il fut puni du fouet, et du pain sec pendant huit jours. Une autre fois, il avait dix-sept ans, il s'avisa de suivre au grenier une grosse servante de la maison, et de vouloir l'embrasser : — la servante cria, le père survint, souffleta son fils, et lui demanda s'il prenait « *sa maison* » pour « *un mauvais lieu.* »

Il se piquait principalement de n'avoir jamais changé d'opinion, c'est-à-dire d'avoir été toujours de l'avis du *Constitutionnel d'alors*, journal audacieux pour l'époque, et qui rendait ses abonnés l'objet d'une surveillance toute spéciale de la part de l'administration.

— Il était ce qu'était alors la moitié de la

France; à la fois libéral et bonapartiste ; c'est-à-dire, quelque chose d'absurde, attendu qu'il n'est pas douteux que Bonaparte, s'il fût resté empereur, eût fait aux idées dites libérales une guerre plus hardie et plus efficace que n'osa jamais la leur faire la Restauration. En religion, il faisait l'éloge de la religion protestante, parce qu'elle permet l'examen des dogmes et la discussion. En politique, au contraire, il n'eût pour rien au monde consenti à lire un autre journal que le sien.

Il était toujours de la même opinion, en cela qu'il était toujours contre le gouvernement. Si le gouvernement faisait alliance avec l'Angleterre, il s'écriait : « Perfide Albion ! » — Mais, dans tout autre cas, l'Angleterre était la *terre classique de la liberté* et *le berceau du gouvernement représentatif.*

Au fond de tout cela, c'était le meilleur homme du monde. Il chérissait sa femme et ses enfants, et il avait généreusement pris soin de la fille d'un de ses compagnons d'armes, qui était mort en la laissant sans aucunes ressources. Marie-Clotilde Belfast avait été élevée avec les enfants de son bienfaiteur, Arthur et Alida. Les domestiques n'avaient jamais été admis à faire entre eux la moindre différence, et il n'existait nullement de distinction entre elle et les enfants de la maison, que la déférence que Clotilde, qui était une fille adroite et perspicace, manifestait pour eux sans que personne eût jamais eu l'air de l'exiger. Ainsi, quand il s'agissait d'une promenade, et que les trois enfants devaient donner leur avis sur le lieu ou sur l'heure du départ, elle était toujours de l'opinion des autres ; en fait de parure, sans affectation, elle savait ne rien choisir qu'après qu'Alida avait laissé percer son goût, pour lui laisser ce qu'elle préférait. — Elle avait une fois renoncé à une coiffure qu'elle aimait, parce qu'on avait dit qu'elle lui allait mieux qu'à mademoiselle de Sommery.

Depuis le mariage d'Alida, les deux jeunes filles avaient cessé de se voir, et d'ailleurs Alida avait changé d'idées à son égard.—Dès le lendemain de leur mariage, il se révèle aux filles une foule d'idées dont elles ne paraissaient pas avoir même le germe. Alida se rappelait avec inquiétude que son père devait doter Clotilde, et que cette dot serait prise sur la fortune dont une partie devait lui revenir. Ses lettres à Clotilde devinrent froides, puis elle n'écrivit plus.

Arthur de Sommery était alors surnuméraire à Paris, au ministère des finances; c'était une épreuve nécessaire, après laquelle les protecteurs de M. de Sommery devaient le pousser aux plus hauts emplois de l'administration. Car ce bon M. de Sommery, malgré sa haine et son mépris pour les *courtisans*, choyait fort les gens qui pouvaient être utiles à lui ou à ses enfants.

Arthur était fort amoureux de Clotilde, qui

n'avait rien négligé pour augmenter cette passion, quoique le jeune homme ne lui plût pas. Arthur, bon, spirituel à un certain degré, n'avait pas la dose d'énergie nécessaire pour dominer une femme comme Clotilde ; les femmes n'aiment réellement que les hommes qui sont plus forts qu'elles.

Car, si leurs plaisirs les plus vifs sont de *plaire* et de *commander*, leur *bonheur* est d'*aimer* et d'*obéir*.

Mais Clotilde était ambitieuse ; l'affection de M. et de madame de Sommery lui avait enflé le cœur, et d'ailleurs elle était jalouse d'Alida ; elle ne voulait entrer dans le monde que sur un pied au moins égal au sien, et elle caressait avec un bonheur caché l'idée de prendre ce nom de Sommery qu'Alida avait quitté, et qu'elle regrettait. Les déclamations de M. de Sommery, contre la *vanité des castes nobles*, tombaient dans son cœur, et elle les prenait malgré elle au sérieux.

Les dispositions qu'elle avait apportées à Trouville avaient été un peu altérées depuis quelque temps par la présence de Tony Vatinel. Ce jeune homme, fils d'un patron de barque, maître Vatinel, maire de Trouville, assez riche pour l'endroit et pour la profession, avait été par son père envoyé à Paris, pour y faire ses études. Tony était revenu cette année et avait revu avec enthousiasme la mer et les bateaux. Il avait reconnu tous les pêcheurs et tous les marins de Trouville, et il passait sa vie avec eux, se promettant bien de ne plus remettre les pieds à Paris. C'était une nature vigoureuse et absolue ; il lui fallait l'Océan, le vent, les dangers. Le curé l'aimait beaucoup et l'avait fait inviter chez M. de Sommery, où il passait presque toutes ses soirées. Il n'avait pas tardé à devenir amoureux de Clotilde.

Clotilde, en effet, était une ravissante créature ; elle était surtout bien complétement femme.

Nous l'avons dit ailleurs : « La nature n'avait fait que des femelles ; c'est l'homme qui a créé la femme. »

Les femmes des marins, halées, robustes, hardies comme leurs maris, avec les jambes nues et rouges, les mains noires et calleuses, la voix haute et éclatante, la démarche ferme et assurée, buvant de l'eau-de-vie et du genièvre, mettant la main à la manœuvre et portant des fardeaux, sont des femelles que les mâles de leur espèce caressent une fois au printemps, pour leur faire un petit, qu'elles mettent bas au commencement de l'hiver.

Mais il n'y a pas moyen de les aimer, de les *adorer*, de déposer devant elles la *riche offrande des prémices du cœur.*

Clotilde, au contraire, était remarquablement petite, svelte, légère ; ses pieds étroits semblaient si peu faits pour marcher, qu'on lui cherchait presque des ailes. — D'épais cheveux blonds tombaient en flocons des deux côtés de son visage, si fins, si déliés, que l'haleine de la personne qui lui parlait les agitait et les faisait frissonner. Sa voix était harmonieuse et douce ; ses pas aussi peu bruyants que ceux d'un chat ; simple, naïve, ignorante en apparence, elle était réellement pleine d'adresse et d'une pénétration infinie.

Tony Vatinel n'eût pas osé l'aimer, il l'adorait.

Elle subissait l'influence de ce jeune homme si beau, si fier, si robuste, si audacieux, et devant lui elle se sentait troublée et dominée. — Seulement elle l'aimait en femme, c'est-à-dire tel qu'il était.

Lui aimait en elle tous les rêves de son cœur et de son esprit, tout ce qu'il y a de beau sur la terre et dans le ciel, tout ce qu'elle n'était pas.

Voilà au milieu de quels personnages entra Tony Vatinel, après être allé s'habiller chez lui, et avoir de son mieux essuyé ses cheveux noirs, tout empreints de l'eau salée.

La pièce où entra Tony Vatinel était au premier étage, grande, mais basse. — Une poutre peinte en blanc, comme le plafond qu'elle soutenait, la traversait dans toute sa largeur. — Elle était tendue de grandes tapisseries à personnages, représentant le jugement de Pâris, d'un côté, et de l'autre Hercule, filant aux pieds d'Omphale. — Les fenêtres étaient arrondies par le haut; entre les deux fenêtres, était une console, autrefois dorée et recouverte d'un marbre rouge et blanc. La cheminée, faite du même marbre, était large, médiocrement élevée, et contournée dans le style d'ornement du temps de Louis XV.

Deux grands fauteuils en tapisserie restaient comme vestiges de l'ameublement du château. Ils étaient placés aux deux coins de la cheminée, et servaient de guérite à M. et à madame de Sommery. Quand il venait une visite peu habituelle, M. de Sommery offrait son fauteuil;

mais, si on avait le malheur de l'accepter, il ne le pardonnait jamais. L'abbé Vorlèze, en homme de sens, l'avait refusé positivement à la première visité. Il savait que « les petites choses font les grandes; » que Louis VII, en coupant sa barbe, attira sur la France trois cents ans de guerre, et fit périr trente-un millions de Français, ainsi que nous l'avons démontré dans notre livre, intitulé *Einerley*, livre que l'on a jusqu'ici, nous ne savons pourquoi, négligé d'imprimer en lettres d'or.

Madame de Sommery, à laquelle son mari permettait d'avoir de la religion, parce que c'était un contraste qui donnait plus d'éclat à son affectation d'impiété, souffrait intérieurement de se voir mieux assise que l'abbé, car le reste de l'ameublement se composait de chaises modernes.

Elle avait tenté, par toutes sortes de moyens, de lui donner son propre fauteuil; mais M. de Sommery lui avait dit : « Ne ramenons pas, par

un fanatisme aveugle, la suprématie du clergé. »
Il avait ajouté à cette phrase de *journal*, l'anecdote de *café* des moines espagnols, qui laissent leurs sandales à la porte des femmes, pour avertir les maris qu'ils ne doivent pas entrer. Il n'y aurait eu dans la maison que Clotilde, pour trouver ridicule qu'on traitât de fanatisme aveugle le désir d'offrir un fauteuil au curé, et qu'on craignît de voir *séduire les femmes*, l'abbé Vorlèze, qui n'avait, de sa vie, jamais distingué les femmes des hommes que par ce signe, qu'elles ont des jupes et pas de chapeaux ronds.

M. et madame de Sommery tenaient donc les deux coins de la cheminée, et chacun avait devant lui une table et deux bougies. — Sur la table de M. de Sommery était un échiquier, et en face de lui l'abbé Vorlèze. — A l'autre table, Clotilde, Alida Meunier et Arthur de Sommery.

Aussitôt qu'on vit entrer Tony Vatinel, Arthur se rapprocha de Clotilde assez pour qu'elle fût obligée de se reculer un peu; cela la contraria. Elle avait ménagé entre elle et madame de Sommery une place destinée à Tony, et cette place n'existait plus. — Son côté droit, défendu par Arthur, était également inabordable. — Antoine s'assit en face d'elle, entre Arthur et madame Meunier (née Alida de Sommery).

L'abbé Vorlèze avait une sorte de redingote violet foncé; cette redingote sans taille, serrée au corps, le faisait paraître encore plus long et plus mince qu'il n'était, quoiqu'il le fût extrêmement. — Sa figure pâle et maladive, avait une sérénité, une bonhomie, qui le faisaient aimer à la première vue. Il avait la voix calme et peu sonore. Il fallait l'écouter pour l'entendre dans les discussions que M. de Sommery avait quelquefois avec lui; M. de Sommery n'entendait jamais un mot de ce que lui répondait l'abbé, de sorte qu'au lieu de lui répondre à son tour, il réfutait non l'argument qu'énonçait l'abbé, mais celui auquel lui, M. de Sommery, croyait avoir la réplique la plus triomphante.

M. de Sommery avait les cheveux gris, ramenés et collés sur les faces, le teint un peu rouge, les sourcils habituellement froncés, non que cela peignît rien de féroce qui se serait passé au-dedans de lui, mais c'était une suite de l'habitude qu'ont beaucoup d'anciens militaires de se donner un air sévère et méchant qui en impose singulièrement au bourgeois.— D'épaisses moustaches, plus noires que ses cheveux, cachaient entièrement sa bouche et tout ce qu'elle eût exprimé de bonté.

Il était vêtu d'une redingote bleue descendant presque jusqu'à terre, d'un gilet jaune pâle et d'un pantalon de la couleur de la redingote, tombant sur les bottes, sans être retenu par des sous-pieds. Le ruban de la Légion d'honneur couvrait tout l'espace compris entre les deux boutonnières d'en haut du revers gauche de la redingote; il portait, même à la maison, un très haut et très inflexible col noir en baleine, avec un liséré blanc.

Madame de Sommery avait une robe de mérinos amaranthe, à taille courte et à manches étroites; un faux tour de cheveux noirs, un bonnet surchargé de rubans jaunes. — Jamais une figure ne peignit plus d'apathie; elle n'avait de force que pour exister et faire à peu près mouvoir ce gros corps qui semblait n'avoir pas été prévu dans ce que la nature lui avait donné de puissance motrice.

Madame Meunier, née Alida de Sommery, était une femme quelconque, avec une robe, une figure, des poses, des gestes, une voix également quelconques, mais le tout, robes, gestes, voix, figure à la dernière mode de *Paris*.

Elle était en cela toute pareille à M. son frère Arthur de Sommery.

C'est ce qui m'empêche, ô ma belle lectrice, d'insister sur le portrait de ces deux personnages. Si je les peignais exactement, ils seraient costumés à la mode de 1815, ce qui ne vous représenterait nullement des dandys; si, au contraire, pour vous mieux représenter la chose, je les habillais à la mode d'aujourd'hui, ce serait mentir à l'histoire.....

III.

Il y a là un trait que plus de trois millions de personnes trouveraient spirituel, et dont je me prive, ô ma belle lectrice, parce que vous ne seriez pas peut-être de cet avis.

Je pourrais, je devrais ajouter, « et pendant que je peindrais la mode d'aujourd'hui, elle aurait déjà changé. »

Je n'ajoute pas cette ligne et demie, et voici mes raisons.

J'ai commencé à regarder la mode en France comme on regarde tout, avec une idée toute faite sur les choses que l'on va voir : — *déesse inconstante, capricieuse, bizarre,* etc., etc.; — de même que, pendant plusieurs centaines d'années, on n'a vu dans une tempête que *Neptune en courroux,* dans une moisson jaunie, que *la blonde Cérès.* — C'est-à-dire que les descriptions ne se font pas d'après les objets eux-mêmes, mais d'après d'autres descriptions. Mais, en examinant de plus près, j'ai vu qu'il n'y a rien de si peu mobile que la mode, que l'on peut la figurer, comme l'éternité, par un serpent qui se mord la queue. En effet, voici, depuis que j'existe, les audaces que j'ai vu faire à la mode.

Une année, on porte les gilets trop longs, l'année d'après on les porte trop courts ; la troisième année, trop longs, et la quatrième, trop courts. Les pantalons trop larges devien-

nent trop étroits pour redevenir trop larges.
Le chapeau élargit et rétrécit ses bords.

Les femmes passent des tailles longues et des manches larges, aux manches justes et aux tailles courtes, pour revenir l'année prochaine à ce qu'elles ont abandonné cette année.

La *passe* des chapeaux, comme disent les journaux de mode, se porte très large, puis très étroite, puis très large, etc.

Si quelqu'un s'avise de vouloir sortir de ce cercle, on crie haro sur lui.

On n'a jamais osé changer les formes des hideux chapeaux des hommes. — Celui qui l'essayerait risquerait d'être lapidé et déchiré par le peuple le plus poli et le plus changeant de la terre.

En 1832, des jeunes gens se sont grisés pour se donner l'audace de porter des chapeaux roses. — C'était fort laid, il faut le dire ; et lesdits jeunes gens pensaient par-là, tant le moindre changement a de gravité, renverser le gouvernement, si tant est qu'il y ait un gouvernement en France. Eh bien ! le peuple les a battus et la police les a plongés dans des cachots ; sans cela, ce seul changement de couleur d'une douzaine de feutres eût inévitablement ramené les horreurs de 1793.

Il est difficile de voir un pays plus attaché à la forme de son chapeau.

Je n'admets donc pas que la mode soit si capricieuse et si mobile qu'on le prétend. — Loin d'être une déesse légère, fugitive, prismatique, avec une écharpe couleur arc-en-ciel, c'est une vieille sybille, radoteuse et monotone.

Voilà pourquoi je me suis abstenu du trait en question.

IV.

Clotilde avait une robe d'un vert très foncé.
— Tony Vatinel, un paletot large de gros drap bleu; ses cheveux n'étaient pas encore séchés; aussi, quand il entra, Clotilde lui dit :
— Oh! mon Dieu, comme vous venez tard, et comme vous voilà fait.

Tony conta qu'il avait monté sur un des bateaux de son père, qui devait rentrer de bonne heure, mais que le vent ayant obligé le patron d'aller relâcher à Fécamp, il s'était fait approcher le plus près possible de la plage et était venu en nageant, ce qui lui avait pris un peu de temps, parce que la mer était assez mauvaise.

La manœuvre d'Arthur, n'avait pas échappé à Tony, et il avait vu s'évanouir comme des ombres légères toutes les espérances qu'il était venu chercher à travers un si grand péril.

La veille, en effet, deux fois en remettant dans le sac les boules du loto, après les parties jouées, sa main avait touché celle de Clotilde, et il lui avait semblé que Clotilde apportait, à ramasser ces boules, une lenteur affectée qui prolongeait ce contact de leurs deux mains. Ç'avait été pour Tony Vatinel une impression si neuve et si ravissante, que sa vie n'avait plus pour but que de la retrouver. Clotilde, pour lui, était quelque chose de si prodigieusement au-dessus de l'humanité, que le soupçon seul d'être aimé d'elle l'élevait lui-même à ses propres yeux.

Depuis la veille, il avait vu se reculer l'horizon de sa vie. Tout avait changé d'aspect : ce n'était plus la même terre sur laquelle il marchait; ce n'était plus le même soleil qui l'éclairait; le ciel était d'un autre bleu. Tout ce qui l'intéressait auparavant s'était rapetissé ou avait complétement disparu. Il ne s'agissait plus que d'une chose, c'était de sentir encore la main de Clotilde toucher la sienne.

Il s'assit assez triste à la place que lui avait assignée la stratégie d'Arthur, n'attendant du jeu de loto, pour ce soir-là, que la somme de plaisirs qu'il renferme réellement en lui-même.

A ce moment, M. de Sommery commença à élever la voix et à rompre le silence qu'il gardait depuis un quart-d'heure. Il venait de tirer d'affaire sa *dame*, tenue opiniâtrement en échec par le *cavalier* de son adversaire. La bataille changeait de face, il prenait à son tour l'offensive, et il accablait de sarcasmes l'abbé en péril.

— L'abbé, j'ai la douleur de vous prendre ce *pion*.

L'abbé, c'est bien malgré moi que je dis échec au *roi*.

Votre *roi* n'est plus en échec, mais il faut sacrifier ou la *tour* ou le *fou*. — Décide si tu peux, et choisis si tu l'oses.

Vous sacrifiez la *tour*, abbé démantelé que vous êtes.

—Mais nullement, reprit l'abbé.

—La *tour* sera à moi dans trois coups, vénérable prélat.

—Je ne crois pas.

—Vous allez voir, martyr très illustre, intrépide confesseur de la foi.

—Je le crois bien maintenant, dit l'abbé Vorlèze, mais vous me troublez par vos plaisanteries; on ne peut jouer aux échecs en parlant ainsi. Le jeu d'échecs doit avoir tout le sérieux d'une bataille véritable.

—Mais, cher abbé, soldat du Dieu des armées, le combat n'exclut pas le discours. Voyez les héros d'Homère et de Virgile, ils ne manquent jamais de se lancer chacun une trentaine de vers à la tête avant de se porter d'autres coups; que diriez-vous donc si je vous traitais seulement comme Turnus traite le pieux Énée?

—Je vous ferais, dit l'abbé en souriant, ce qu'Énée fit à Turnus, je vous gagnerais la partie.

—Vous voyez bien, apôtre, que vous n'êtes pas insensible aux douceurs de la réplique; mais, puisque cela vous trouble, je ne dirai plus un mot.

Le silence se rétablit pendant quelques instants, mais l'avantage demeurant toujours au colonel, il ne tarda pas à trouver un nouveau moyen de harceler le curé sans sortir des termes de la capitulation.

Il se mit, selon la circonstance et la *pièce menacée*, à fredonner des airs, dont les paroles étaient assez connues pour que l'air les rappelât sans qu'on eût besoin de les dire, et il chantonna tour à tour entre ses dents :

La tour, prends garde...
Où allez-vous, monsieur l'abbé...
Viens, gentille dame...
Le bon roi Dagobert...

Échec au *roi*, abbé, je suis forcé de le dire. — Vous ne m'en voudrez pas pour le mot, le seul que j'aie prononcé depuis vos plaintes.

M. Vorlèze fit faire à son roi un pas de côté pour le tirer d'échec, et M. de Sommery continua à chanter :

Malbrough s'en va-t-en guerre...
God save the king. — *Domine salvum fac regem.*

Mais la confiance de M. de Sommery lui devint fatale, et ce fut bientôt lui qui, à son tour, eut à défendre son *roi*. Il redevint alors morne et silencieux ; et quand l'abbé s'avisa de fredonner, par représailles et en prenant une *tour*, l'air :

La tour, prends garde...

Le colonel fit avec la langue un claquement d'impatience et de mauvaise humeur, et il renvoya du pied Baboun, qui était resté au coin du feu toute la soirée.

Je n'ai pas encore parlé de Baboun. Baboun était un petit chien anglais noir, à poil ras, le museau et les pattes orange ; Baboun avait servi avec son maître, M. de Sommery, dans les carabiniers. Né au régiment, véritable enfant de troupes, Baboun avait six ans de service, trois campagnes, une blessure et des rhumatismes ; les soldats prétendaient que Baboun avait le rang de brigadier dans le régiment. Baboun avait quitté les drapeaux en même temps que le colonel, et tous deux étaient venus prendre leurs invalides à Trouville.

Baboun était vieux, le jais de son dos et de ses tempes était mélangé de poils blancs.—Il restait volontiers couché une partie du jour sur un coussin de velours d'Utrecht vert, au coin du feu ou assis entre les jambes de M. de Sommery; ce n'était plus, à beaucoup près, le Baboun d'autrefois, leste, fringant, le premier levé quand on sonnait le réveil, toujours prêt à monter sur le cheval de son maître pour le mener à l'abreuvoir; toujours sautant, courant, rentrant exactement à l'heure des repas et à celle de la retraite. Baboun était devenu lourd et paresseux. Si on l'appelait, il détirait ses pattes, bâillait, prenait la plus refrognée de ses mines, et s'avançait au pas. Je dirai plus, Baboun devenait morose et humoriste, si on le réveillait sans ménagement. Il grommelait entre le reste de ses vieilles dents qu'il montrait en rechignant et retirant ses babines. Il devenait difficile et dédaignait des mets qu'il n'eût pas osé rêver quand il était au service. Il n'aimait pas être réveillé de bonne heure, et s'endormait aussitôt le dîner fini. Si le chat de la maison s'avisait de vouloir jouer, et venait se frotter contre lui en faisant le gros dos, ce qu'autrefois Baboun eût pris parfaitement, un sourd grognement annonçait qu'il ne voulait pas être troublé dans sa méditation, et si le chat insistait, il ne devait pas tarder à faire un bond en arrière pour éviter un coup de croc que le pauvre Baboun donnait dans le vide. Ses dents claquaient les unes contre les autres, et ses yeux mornes se ranimaient un moment et lançaient des éclairs qui ne tardaient pas à s'éteindre. — Si Baboun eût su parler, il eût radoté.

Néanmoins, la fin de la vie de Baboun devait être douce; il était aimé de tout le monde et respecté des domestiques. Il n'était pas permis de le tutoyer, et en parlant de lui, on devait dire *monsieur Baboun*. Le médecin de la famille donnait des soins à Baboun, car M. de

Sommery n'eût jamais consenti à le livrer à un simple vétérinaire. Baboun adorait M. de Sommery : quand celui-ci sortait pour une course que le grand âge de Baboun ne lui permettait pas d'entreprendre, le pauvre chien se tournait et se couchait du côté de la porte d'entrée du salon, et longtemps avant qu'on pût entendre le moindre bruit, il sentait l'approche de son maître, il redressait ses oreilles, agitait son nez noir, se levait et allait renifler par-dessous la porte ; et quand M. de Sommery entrait, c'étaient des trémoussements, des souvenirs de bonds et de sauts ; de petits cris de joie. M. de Sommery alors le faisait sauter par-dessus sa canne, mais il avait soin de la mettre très bas et de la baisser encore, si le saut de Baboun paraissait manqué. Hélas! quelques années avant, Baboun sautait ainsi plusieurs fois de suite et à une grande hauteur par-dessus le sabre du colonel. Maintenant un saut l'essouffle, et il ne tarde pas à aller se coucher sur son canapé, où il reste quelques minutes ; la langue pendante, la respiration fréquente et le flanc agité.

Baboun, poussé du pied par son maître, se lève et le regarde tristement. — Viens, viens, dit M. de Sommery, viens mon vieux camarade, reviens prendre ta place. C'est l'abbé qui me met de mauvaise humeur. — Reviens à ta place. Baboun revint en remuant la queue; il lécha la main de son maître qui le flattait, et se remit sur son coussin de velours vert, où il ne tarda pas à oublier ce petit chagrin dans un sommeil profond et bienfaisant.

— Colonel, dit l'abbé Vorlèze, j'aurai la douleur de vous enlever ce *fou*.

— Comment, comment, M. Vorlèze ?

— Hélas ! oui, M. de Sommery votre *fou* blanc est perdu.

— Il me semble, l'abbé, que vous pourriez dire simplement que vous me prenez un *fou*, si toutefois vous pensez que je suis aveugle ou que je ne sais pas le jeu, sans faire des lazzis inutiles, et que ne comporte pas un jeu sérieux. — *J'ai la douleur, hélas,* etc.

— Hélas, mon bon M. de Sommery, dit le curé, je n'ai pas l'imagination assez féconde pour avoir inventé ces plaisanteries que je croyais innocentes, et que je n'hésiterais pas à déclarer mauvaises, puisqu'elles vous contrarient, sans cette circonstance embarrassante que je ne fais que répéter ce que vous me disiez il y a un quart d'heure.

— Il y a un quart d'heure, reprit M. de Sommery, la partie n'était ni si intéressante ni si avancée.

L'abbé ne répondit pas et continua à jouer. Deux coups après il prit avec sa *reine* un *cavalier* qui s'était aventuré aux alentours de la résidence royale et avec lequel M. de Sommery comptait, le coup suivant, mettre en échec le *roi* de son adversaire. — L'abbé prit le *fou* sans rien dire, et mit sa *dame* sur la case du vaincu.

—Mais, que faites-vous, l'abbé?

L'abbé, sans parler, replaça le *cavalier* et la *reine* sur les cases qu'ils occupaient avant le coup, et le recommença.

—C'est juste, mais on ne prend pas ainsi sans rien dire ; il n'y a pas moyen de contrôler les coups : c'est une véritable surprise, et il ne doit pas y en avoir au jeu d'échecs.

—Mais, colonel, vous vous fâchez quand je parle et aussi quand je ne parle pas.

—Je me fâche, je me fâche, je ne me fâche pas, ou plutôt je me fâche, c'est vrai, mais avec raison ; parce que vos paroles, comme votre silence, sont une plaisanterie de mauvais goût et un sarcasme déplacé. Ou vous m'enlevez mes pièces sans m'en avertir, ou vous me dites : *J'ai la douleur de vous prendre,* — *hélas !*

—M. de Sommery, dit l'abbé confus, j'aime mieux vous rendre votre cavalier.

—Tenez, voilà bien les gens d'église, dit

M. de Sommery ; avec leur fausse humilité on croirait qu'ils cèdent, et cette parole soumise qu'ils laissent dévotement tomber de leurs lèvres, les yeux baissés et la voix tremblante, n'est rien autre chose qu'une nouvelle insulte.

Ici le regard et la voix du colonel reprirent de la douceur et de l'enjouement; il était content de sa phrase et de son attaque si bien amenée contre l'église, il triomphait. Il ajouta, en souriant : Allons, allons, l'abbé, ne soyons pas tartufe, même aux échecs. Et il se mit à rire de tout son cœur, d'un rire bruyant, d'un rire de maître de maison, prenant d'avance pour lui seul toute la gaieté que pouvait produire le mot qu'il croyait avoir dit.

Il était tard, l'abbé se retira.

— J'espère, l'abbé, que vous n'êtes pas fâché, dit M. de Sommery, et il lui fit répéter plusieurs fois une réponse négative; il se leva pour lui souhaiter le bonsoir en lui serrant les mains. L'abbé se retira touché de ces manifes-

tations inusitées. — S'il fut resté, je crois que
M. de Sommery l'eût fait asseoir dans son fauteuil, tant le brave colonel était bon homme
au fond, et, tout en aimant à sabrer, était désolé de la pensée d'avoir blessé quelqu'un.

Néanmoins, quand l'abbé fut parti, il reprit
sa thèse contre les gens d'église. — Il fit l'éloge
de la religion protestante qu'il ne connaissait
pas, et de l'abbé Châtel, qui venait à Paris de
se faire sacrer évêque par un ancien évêque
assermenté, devenu épicier rue de la Verrerie,
et qui avait pris, rue de la Sourdière, une église
de garçon garnie, au premier au-dessus de l'entresol, où la cheminée servait d'autel, et le
portier, sexagénaire, d'enfant de chœur; puis il
finit par un discours sur le fanatisme et sur la
tyrannie du clergé; le tout à propos du pauvre
abbé Vorlèze qui, depuis deux ans, demandait
inutilement qu'on fît au presbytère quelques réparations dont l'urgence l'eût rendu inhabitable
pour un homme moins simple et moins craintif.

On finit alors la partie de loto, et Tony Vatinel se retirait fort triste quand Clotilde s'approcha de lui, saisit sa main et y glissa un papier fort petit, sur lequel il lut, quand il fut sorti de la maison : « *Cette nuit, à une heure, à la niche de la Vierge.* »

V.

Quand Clotilde se fut retirée dans sa chambre; quand elle se fut assurée qu'elle possédait la clef de la maison pour pouvoir sortir et rentrer; quand elle n'eut plus à lutter contre les difficultés de son entreprise; quand elle ne vit plus d'obstacles à sa volonté; elle eut peur.

Seulement alors elle aperçut tous les inconvénients et toute l'imprudence de sa démarche ; la résistance passive que lui avaient opposée les habitudes de la maison, avait irrité sa volonté et l'avaient affermie dans une résolution qui l'épouvantait depuis que cette sorte de lutte avait cessé.

Lorsque, dans un taillis, vous apercevez un chevreuil broutant les jeunes pousses des arbres, — vos pieds ont fait frémir les vieilles feuilles des chênes, qui ne sont tombées que lorsque les nouvelles ont paru, — le chevreuil frissonne, lève sur vous deux grands yeux noirs, puis, détendant les ressorts de ses jarrets d'acier, il s'élance à travers les broussailles. Cette fuite, cette résistance, vous animent, et vous frappez de loin, d'un plomb meurtrier, le chevreuil qui fait encore deux ou trois bonds convulsifs, et tombe en tachant seulement de quelques gouttes de sang sa robe fauve et lustrée. Mais si vous eussiez pu voir de près ses regards inquiets, ses flancs agités par la crainte; s'il vous eût laissé contempler plus longtemps son corps svelte et ses petits pieds frémissants, et surtout le calme et la paix qu'il trouvait entre les genets aux fleurs d'or, sur ces tapis de bruyère rose, à la douce odeur qu'exhale le feuillage des chênes ; s'il vous eût fallu de près le tuer avec vos mains, vous eussiez reculé d'épouvante à cette seule pensée, et alors, à votre tour, la poitrine oppressée, suspendant vos pas, vous eussiez craint de déranger ce bonheur caché.

Clotilde avait peur; elle ne comprenait plus elle-même comment elle avait osé, comment elle avait pu aller aussi loin.

Cet entretien avec Tony Vatinel, qui lui avait semblé ne pouvoir être retardé, tant qu'elle l'avait cru impossible, elle n'en voyait plus, sinon la nécessité, du moins l'urgence, maintenant que rien ne l'empêchait plus. Un frisson qu'elle ne pouvait réprimer agitait tous ses membres; elle se levait, elle s'asseyait, elle regardait sa pendule ; tantôt elle eût voulu que l'heure indiquée arrivât tout à coup pour ne pas lui laisser de réflexion ; tantôt elle regardait avec terreur l'aiguille avancer fatalement. Elle cherchait dans sa mémoire les causes qui l'avaient conduite à donner un rendez-vous à Tony Vatinel, et elle ne les retrouvait plus. Arthur était amoureux d'elle ; elle avait encouragé cet amour ; elle marchait à son but. Avec de l'adresse et de la suite dans les actions et dans les idées, elle devait devenir madame de Sommery. Le père et la mère d'Arthur la chérissaient ; elle n'était séparée d'Arthur que par des préjugés contre lesquels M. de Sommery n'avait pas passé une journée de sa vie sans faire au moins une phrase.

Que voulait-elle de Tony Vatinel ? Être aimée de lui c'était perdre tout ce qu'elle avait voulu, tout ce qu'elle avait rêvé ; — c'était rejeter le fruit de plusieurs années de soins, d'adresse, d'humiliations ; c'était renoncer à ce nom, à cette fortune qui lui coûtaient déjà si cher.

Mais Clotilde aimait Tony Vatinel ; — il lui semblait qu'aimée de lui elle trouverait tout en lui. Il était si beau, si brave, si énergique, la fortune ne pourrait rien lui refuser ; s'il l'aimait, lui, il saurait faire de ce nom obscur de Vatinel un nom dont elle serait fière, un nom que lui envieraient les autres femmes, un nom qui ne lui laisserait jamais regretter celui d'Arthur. S'il l'aimait, il deviendrait riche et puissant. Il devait exercer sur le monde entier cette puissance de fascination que possédait sur elle son regard.

A sa voix, tout le monde devait comme elle frissonner et obéir. Ah ! quand cet homme fort sera amoureux, il se fera reconnaître au monde pour un de ses maîtres.

Et elle, Clotilde, cette énergie qu'elle a trouvée dans sa tête, pour travailler si longtemps en secret à la réalisation d'un plan déjà si avancé, combien elle sera doublée quand elle y ajoutera toutes les puissances de son âme; où n'arriveront-ils pas ensemble, unis, s'appuyant l'un sur l'autre.

Oh! oui, il fallait lui parler; car, le matin, Arthur avait écrit à Clotilde : C'est dans quelques jours la fête de mon père; je me jetterai à ses genoux, et je lui demanderai votre main.

Ce soir-là encore, M. de Sommery l'avait appelée *ma fille.* Arthur l'avait alors regardée, et elle s'était sentie toute rouge. Il fallait parler à Vatinel, et elle avait fait cent fois dans sa tête, de diverses manières, le *discours* qu'elle voulait lui tenir. — Ah! il est une heure; — elle part; elle craint qu'on n'entende le bruit de son cœur, tant il bat fort dans sa poitrine. — Elle tourne lentement la clef dans la serrure; elle sort, elle referme la porte, et elle glisse comme une ombre légère.

La lune s'est levée derrière Trouville, et éclaire la mer que l'on aperçoit de la hauteur à travers les branchages des haies qui bordent le chemin. Depuis longtemps le vent s'est apaisé, la mer est muette comme l'air. Au milieu de ce profond silence, le moindre de ses mouvements cause un bruit qui l'effraie. Si sa robe touche un buisson, elle s'arrête, écoute, et n'ose retourner la tête. Le bruit de ses artères l'empêche d'entendre ; elle se calme, personne ne la suit. — Elle est seule, seule sous ces grands arbres qui projettent des ombres bizarres; elle avance, elle les fuit, et le chemin tourne en s'enfonçant un peu dans les terres. Tout à coup, elle aperçoit la niche de la Vierge, dans le mur, au coin d'une haie.

— Est-ce vous, Vâtinel ?

— Est-ce vous, mademoiselle ?

— Mon Dieu, que j'ai peur; et elle s'appuya sur son bras comme si elle se fût sentie prête à tomber. En effet, elle était pâle et extraordinairement émue. Pour Vâtinel, il sentait les mots qu'il voulait dire lui serrer la gorge et l'étrangler; aussi se contenta-t-il, pendant quelque temps, de la regarder sans parler et sans presque respirer. Il étendit son manteau sur le banc de pierre placé au-dessous de la niche de la Vierge, et l'y fit asseoir.

Un homme jeune comme Vatinel, exalté comme lui, place si fort au-dessus des nuages la première femme qu'il aime, qu'il ne peut, sans une extrême surprise, lui voir faire quelque chose dans les humbles conditions de l'humanité.

Nous avons dit plus haut, et nous ne savons si notre phrase a été bien comprise, — faute d'être claire, bien entendu, — que Vatinel n'osait pas *aimer* Clotilde et n'en était encore qu'à l'*adorer*. Le moment était venu brusquement de quitter pour l'autre le premier de ces deux sentiments. Clotilde, divinité quelques heures auparavant, devenait tout à coup une femme, sans rien perdre de son influence ni de son charme.
—Mais Vatinel était assailli de sensations qu'il

n'avait jusque-là pas même soupçonnées. Il avait senti le corps de Clotilde sur son bras, et le frisson que lui causait toujours la présence de la jeune fille avait tout à coup changé de nature.

Clotilde aussi était en proie à des sensations toutes nouvelles. Ce n'était pas une fille romanesque. C'était moins encore une rêveuse. Les femmes en général le sont peu, ou du moins leurs rêveries restent circonscrites dans les espaces réels; elles n'ont pas au même degré que l'homme la perception de l'infini. Il faut que toute idée puisse se traduire à leurs yeux par une forme visible; leur religion est l'amour pour un dieu fait homme. Mais, nous l'avons dit, Clotilde aimait Vatinel et elle était dominée par lui. Elle était sous l'empire d'une exaltation étrangère à sa nature; l'amour prenait pour elle un parfum tout mystique, et, en même temps que Clotilde devenait une femme pour Vatinel, Vatinel pour Clotilde devenait un Dieu.

Cependant, d'où ils étaient placés, ils voyaient toujours, au loin et sous leurs pieds, la mer mollement éclairée des pâles rayons de la lune.

VI.

J'aime la nuit. A cette heure, l'homme qui veille possède, à lui seul, tout ce que le jour il lui faut partager avec tout le monde.

La lune est à lui avec ses bleuâtres clartés.

C'est pour lui seul que les acacias ouvrent leurs petites cassolettes blanches pleines de parfums.

A lui tout seul est cette belle voûte bleue du ciel avec ses étoiles d'or.

Et les chants mélancoliques du rossignol dans les chèvrefeuilles en fleurs.

Et comme si ce n'était pas assez encore d'hériter ainsi, pendant plusieurs heures, de tous les gens qui dorment, le poëte qui veille voit pour lui la nature se remplir de créations nouvelles.

Les peupliers deviennent une longue file de grands fantômes noirs.

Le vent, dans les feuilles, lui dit des choses plus belles que la poésie et la musique n'en peuvent exprimer.

Les ombres de ses journées lui apparaissent, et ses amours morts se réveillent et viennent peupler avec lui cette terre dont il est le roi,—jusqu'au jour.

Les vers luisants s'allument dans l'herbe comme les étoiles dans le ciel.

Tout se pare et s'embellit.

La nature, qui se trouvait suffisante le jour pour tous les hommes réunis, revêt pour le poëte seul de plus magnifiques atours. C'est que le monde entier, c'est la foule ; et le poëte, c'est l'amant...

VII.

—Tony, dit Clotilde, parlez-moi!—J'ai peur.

—Que vous dirai-je, mademoiselle, reprit Tony. Tout ce que j'éprouve en ce moment est si nouveau pour moi, que je ne sais pas de mots pour l'exprimer. Il me semble que jusqu'ici j'ai toujours dormi et que je m'éveille après des songes fatigants. Tout est inconnu pour moi. J'ose vous dire que je vous aime, et j'ose croire que vous m'aimerez ; les arbres qui sont au-dessus de nous, le ciel qui est au-dessus des arbres, ne sont ni les arbres ni le ciel que j'ai vus jusqu'ici ; les étoiles ont un éclat inusité ; le vent, des parfums que je respire pour la première fois. Il faut que je r'apprenne à vivre, à respirer, à parler, pour une autre vie, pour un autre air, pour d'autres sensations.

Je vous aime, mademoiselle, et je comprends que ce sera là toute ma vie ; que cet amour la remplira et en chassera tout ce qui n'est pas vous.

C'était, à peu de choses près, les mêmes paroles qu'Arthur avait dites à Clotilde, et cependant, prononcées par Tony Vatinel, elles lui semblaient une céleste musique qu'elle écoutait avec son âme.

Aussi n'eût-elle pas fait trop attention au sens des dernières paroles de Tony, s'il ne se fut avisé de les paraphraser.

— Oh! oui, ajouta-t-il, toute ma vie est là, en vous, en votre amour; ambition, honneurs, richesses. Je n'ai plus besoin de rien, je ne veux plus rien : la plus misérable cabane au bord de la mer, le travail le plus dur et le plus pénible, et je serai le plus riche et le plus digne d'envie des mortels, si vous me permettez de vous aimer, si vous m'aimez vous-même. Ah! mademoiselle, tout ce que recherchent et envient les autres hommes, l'*or*, ce *vil métal* qu'ils ont déifié; ces distinctions de la naissance et de la gloire, tout cela a été inventé pour remplacer ce bonheur que l'amour que je ressens pour vous me fait connaître. Oh! je comprends l'indifférence que j'avais toujours ressentie pour tout cela, c'est que j'attendais une passion, la seule qui pût remplir mon cœur, et le remplir si entièrement, que rien n'y pourrait subsister en même temps.

Il eût été singulier de voir le visage de Clotilde pendant que Tony Vatinel lui tenait ce langage passablement bucolique. Elle restait la bouche entr'ouverte et les sourcils élevés, en proie au plus grand étonnement. Ce n'était plus là le Vatinel qu'elle avait imaginé, le Vatinel qui, tirant de son amour une puissance invincible, devait arracher à la fortune les plus brillantes faveurs; se faire, à force d'énergie, un nom et une position, et ne pas laisser regretter à Clotilde le sacrifice qu'elle voulait lui faire du nom, du rang et de la fortune que lui offrait Arthur de Sommery.

Cependant elle se remit bientôt en pensant que ce que disait Tony n'était que l'expression de ses sensations du moment, et elle lui dit :

— Comprenez-vous, Tony, tout ce que l'amour doit donner d'énergie; — comprenez-vous comme la volonté des autres hommes doit céder devant celle d'un homme amoureux;

comme tout doit lui devenir facile; comme il doit se sentir fort et invincible; comme il doit être heureux de conquérir, pour celle qu'il aime, les richesses et les honneurs, et de faire d'elle la plus heureuse et la plus enviée des femmes? Comprenez-vous tout ce qu'il doit y avoir de bonheur à justifier son choix, à lui pouvoir dire: Aucun homme n'eût pu te donner autant que moi, ce choix que tu as fait par amour, tu pourrais aujourd'hui le faire par ambition, par vanité, par intérêt?

— Qu'est-ce que tout cela, mademoiselle, reprit Tony Vatinel, auprès de l'union de deux cœurs, auprès d'un amour partagé? Qu'a besoin de fortune celui qui n'a rien rencontré dans toute la vie qui lui semblât aussi précieux que cette fleur, que vous avez avez laissé tomber l'autre jour?

Et Vatinel tira d'une poche placée sur sa poitrine une petite fleur sèche qu'il posa sur ses lèvres.

Clotilde se sentit émue, et elle allait tendre la main à Tony, en lui disant : Je vous aime aussi, moi ; — lorsqu'il ajouta : Je ne changerais pas cette fleur pour le grand cordon de la Légion d'honneur. Tout le temps que j'enlèverais à mon amour, fût-ce une minute, pour devenir l'homme le plus riche du monde, me semblerait du temps tristement perdu. Si vous m'aimez, Clotilde, c'est-à-dire si, d'un seul mot, vous me donnez plus de bonheur que je n'ai jamais cru qu'en contînt la vie, — jamais nous ne quitterons ces lieux où je vous ai vue pour la première fois. La petite fortune que m'a amassée mon père suffira à nos besoins. L'amour sera notre luxe. Ici, d'ailleurs, mademoiselle Clotilde, tous les sentiments ont plus de grandeur et d'élévation ; je ne voudrais pas éparpiller dans les soucis et les plaisirs de Paris des jours arrachés à une vie que votre amour rendrait si heureuse.

Chaque mot de Vatinel produisait sur Clotilde un effet bizarre. Clotilde était ambitieuse par tempérament; l'amour que lui avait inspiré Vatinel, n'était qu'un accident dans sa vie, une graine tombée sur un sol aride, qui germe, s'élève, fleurit et meurt après avoir exhalé de sa pâle corolle un parfum languissant. Quelque doux que lui parût l'amour, depuis qu'elle connaissait Tony Vatinel, elle ne le regardait cependant que comme un luxe qui ne pouvait prendre rang qu'après les nécessités de la vie, c'est-à-dire une grande fortune et une belle position dans le monde.

Aussi les idées champêtres de Vatinel lui faisaient perdre tout son prestige aux yeux de Clotilde. — Elle se sentait plus forte que lui; il lui fallait soutenir et entraîner cet homme fort, sur lequel elle avait cru pouvoir s'appuyer. Ses indécisions cessèrent, et avant que Tony eût cessé de parler, elle avait résolu d'épouser Arthur, et ne songeait plus qu'à se tirer de l'embarras où l'avait mise sa démarche auprès de Tony, démarche causée par un moment d'hallucination ou d'ivresse dont elle ne pouvait plus se rendre compte.

Elle plaça sa petite main sur le bras de Vatinel, et lui dit :

— Tony, je ne me suis pas trompée en vous jugeant un bon et noble cœur, et je ressens pour vous une véritable amitié. J'ai deviné que vous vous laissiez entraîner par un sentiment plus vif, et j'ai voulu vous arrêter. Mon cœur n'est pas libre....

Tony devint froid et pâle.

Mon cœur n'est pas libre, et, ce qui est un secret pour tout le monde, j'ai voulu que ce n'en fût pas un pour vous. J'ai tout bravé pour vous parler cette nuit, parce que j'ai cru m'apercevoir que vous aviez souffert ce soir, et que vous aviez souffert à cause de moi. J'ai eu en vous la confiance qu'on accorderait à peine à un ancien ami. Je veux que vous soyez mon ami; l'amour dans un cœur comme le vôtre doit être capable des plus grands et des plus nobles sacrifices. Quand je vous aurai dit que je vais me marier, et que ce mariage fera mon bonheur ; je suis sûre que s'il était en votre puissance de le rompre, vous ne voudriez pas le faire.

Tony restait immobile et étourdi de la chute qu'il venait de faire du haut de toutes ses espérances.

Clotilde continua :

L'homme que j....

Elle n'ose pas finir ce mot.

L'homme que je vais épouser, est M. Arthur de Sommery. Vous avez eu ce soir un peu d'aigreur contre lui ; il ne faut plus que cela arrive. Si vous m'aimez réellement, vous ne pouvez haïr l'homme auquel je crois pouvoir confier ma destinée ?

Tony ne répondit pas, malgré l'intention interrogative que Clotilde avait donnée à sa phrase.

Ne voulez-vous donc pas, Tony, dit-elle en prenant sa main qu'il avait laissé tomber le long de son corps, ne voulez-vous donc pas de toute cette part de mon cœur, que je vous réserve et que je vous donne? Voulez-vous être l'ennemi de mon bonheur et le mien?

Tout en parlant, elle avait repris le chemin de la maison de Sommery, et elle marchait, et Tony, absorbé, la suivait machinalement.

Tony, dit-elle, vous réfléchirez à mes paroles; je vous aime comme une sœur. Voudrez-vous repousser cette affection que je vous offre; vos actions seront votre réponse. Si vous acceptez, si vous partagez ce sentiment, vous aimerez Arthur et vous éviterez tout ce qui peut l'alarmer. Si vous faites autrement, je saurai que penser de votre attachement, je verrai que je me suis trompée, et je renfermerai dans mon cœur...

A ce moment, on était arrivé devant la petite porte de la maison. — Tony dit : Mademoiselle, je n'aimerai ni M. Arthur, ni vous, et je ne vous reverrai jamais, ni l'un, ni l'autre.

En disant ces mots, il tourna la maison et disparut.

Clotilde tremblait et ne pouvait ouvrir la porte dont la serrure lui semblait vaciller et éviter la clef qu'elle tenait à la main.

Mais une fois entrée, une fois qu'elle eut fermé en dedans la porte de sa chambre, son cœur se desserra, et elle dit : Ah ! mon Dieu, je vous remercie.

Elle ne pouvait songer sans effroi combien elle avait manqué d'engager toute sa vie, ou plutôt de la perdre ; et elle cherchait en vain les traces de la pensée ou plutôt de la folie qui l'avait conduite jusque-là. Elle passa le reste de la nuit à répondre à la lettre d'Arthur.

VIII.

Ce pauvre Tony Vatinel nous fait réellement grande pitié avec son mépris pour l'*or*, ce *vil métal*, comme il l'appelle. Nous ne pouvons nous souvenir sans tressaillement de la première fois qu'on ouvrit devant nous une *caisse*, une vraie *caisse* en fer, avec de gros clous et une serrure à secret; une de ces caisses qui coûtent si cher, qu'une fois que nous l'aurions payée, nous n'aurions plus rien à mettre dedans. Il y avait dans cette caisse des billets de banque, de l'or et de l'argent de toutes sortes. Nous nous rappelons encore parfaitement les paroles qui retentirent à nos oreilles, pendant que le caissier y fourrait la main et agitait l'or et les billets de banque. Par moment, c'était un bruit confus de voix claires et aiguës ou fêlées, et un frôlement de papier; d'autres fois, une seule voix prenait la parole, puis toutes reprenaient ensemble, et quand la caisse fut fermée, nous entendions encore un sourd murmure. Mais voici ce que nous nous rappelons.

UNE PIÈCE DE DIX SOUS, d'une petite voix flûtée.

Un bon vieux petit livre relié en parchemin, — un Horace chez les bouquinistes, — une contremarque au théâtre de la Gaieté.

PLUSIEURS PIÈCES DE DEUX SOUS, d'une voix de cuivre.

Des aumônes aux pauvres aveugles, des petits cierges à faire brûler devant la chapelle de la Vierge à l'église.

UNE PIÈCE DE CINQ FRANCS.

Une bouteille de vin d'Aï, une bouteille d'esprit et de gaieté, une bouteille d'insouciance, une bouteille d'illusions.

TROIS PIÈCES DE CINQ FRANCS, à l'unisson.

Un beau bouquet pour la femme que l'on aime, des camélias rouges comme ses lèvres. — Le bouquet, entre tous ceux qu'on lui a envoyés le matin, sera préféré, soigné, conservé, et le soir du bal on le tiendra à la main : les rivaux seront furieux. Et en sortant, au moment où on cachera de belles épaules sous un manteau de moire grise, on rendra à l'heureux son bouquet, sur lequel il aura vu, pendant le bal, appuyer une bouche charmante;

et le baiser, il va le chercher toute la nuit sur les pétales de rubis des camélias.

UN LOUIS D'OR.

La discrétion de la femme de chambre de celle que tu aimes; la femme de chambre elle-même, si tu veux, et si elle est jolie; —un dîner avec un camarade que l'on n'a pas vu depuis longtemps, et que l'on rencontre sur le boulevard, marchant dans l'ombre pour que le soleil ne trahisse pas les coutures blanchies d'un habit trop vieux; — les souvenirs de l'enfance au dessert, la jeunesse, les illusions, la gaieté, le souvenir des premières amours.

UN BILLET DE CINQ CENTS FRANCS.

Veux-tu ce beau bahut gothique, à figures de bois, richement sculpté?

TROIS BILLETS DE MILLE FRANCS, d'une petite voix grêle et chiffonnée.

Veux-tu, dis-moi, ce beau cheval aux jarrets d'acier, que tu admirais l'autre jour, et qui donnait tant de noblesse au cavalier qui le montait, sous les fenêtres de la femme que tu aimes?

Veux-tu ce châle de cachemire vert, qu'un autre va donner demain, et qui sera le prix de bien douces faveurs?

BILLETS DE MILLE FRANCS dont nous ne dirons pas le nombre, attendu que les uns trouveraient que nous n'en mettons pas assez, les autres que nous en mettons trop.

Veux-tu une femme vertueuse, veux-tu des vierges au boisseau, veux-tu des myriades d'épouses invincibles? Ne souris pas avec cet air d'incrédulité; celles qui refuseraient de l'argent, accepteront des fleurs, des plaisirs, des sérénades, des fêtes, elles accepteront l'admiration de ton luxe et la beauté qu'il te donnera?

Veux-tu des princesses?

Veux-tu des reines?

Veux-tu des impératrices?

UNE CENTAINE DE BILLETS DE MILLE FRANCS mis en paquet.

Veux-tu des prairies à toi, des arbres à toi, de l'ombre à toi, des oiseaux, de l'air, des étoiles à toi; veux-tu la terre, veux-tu le ciel?

BEAUCOUP MOINS DE BILLETS.

Veux-tu des consciences d'hommes incorruptibles, veux-tu de la gloire, des honneurs, des croix, veux-tu être grand homme, veux-tu être homme incorruptible, veux-tu être demi-Dieu, Dieu, Dieu et demi?

IX.

A quelques soirs de là, l'abbé Vorlèze annonça qu'il avait quelque chose à demander à M. de Sommery. Il y avait plusieurs jours que l'on aurait pu le deviner, tant le pauvre abbé avait encore accru l'humilité habituelle de ses allures, tant sa voix était faible et respectueuse.

Depuis trois jours, en effet, il était parti sans avoir osé commencer l'attaque qu'il méditait presque toujours. Au moment où il ouvrait la bouche, quelques sarcasmes de M. de Sommery lui faisaient comprendre le peu de chances de succès que rencontrerait sa démarche. Aussi était-ce pour ne plus pouvoir reculer qu'il avait déclaré en arrivant l'intention de livrer bataille.

Il débuta par une chance assez favorable; il perdit deux parties d'échecs. — Le pauvre abbé était un homme si simple de cœur, que nous n'osons pas penser qu'il les ait perdues volontairement. — D'ailleurs, sa préoccupation était plus que suffisante pour lui donner un désavantage marqué. Quand il crut le moment opportun, il dit le plus négligemment possible, et comme si les paroles fussent tombées de ses lèvres sans qu'il le fît exprès :

— C'est dans quatre jours la Fête-Dieu.

M. de Sommery caressa Baboun; voulant

montrer par un air distrait qu'il ne supposait pas que ce fût à lui que l'abbé s'avisait de parler de Dieu.

—Et le temps sera magnifique, continua l'abbé.

Monsieur de Sommery réveilla tout à fait Baboun, et le fit sauter deux fois par-dessus sa canne.

—Nous avons, dit l'abbé, quelque chose à demander à ce sujet à M. de Sommery.

—Au sujet de la Fête-Dieu? dit M. de Sommery en se redressant.

—Au sujet de la Fête-Dieu, dit l'abbé avec calme.

Le chemin pour sortir de l'église est tout défoncé par suite des réparations qui n'ont pu être terminées. A gauche du chemin est une pièce de terre en jachère cette année. —Cette pièce de terre appartient à M. de Sommery. —Veut-il permettre qu'elle soit traversée par la procession?

—Voilà bien, s'écria M. de Sommery, les envahissements du clergé. — Quoi, n'est-ce pas assez que, par une honteuse intolérance pour les autres religions, le culte catholique fasse des processions extérieurement sans que ce soit encore une occasion de tyrannie contre les propriétaires. L'église croit-elle encore avoir droit aux dîmes et à la corvée; veut-on nous ramener aux temps où le pape Jules II excommunia Louis XII, donna son royaume au premier occupant, et, lui-même, le casque en tête et la cuirasse sur le dos, mit à feu et à sang une partie de l'Italie....

—Mais, monsieur, dit l'abbé Vorlèze, je vous demande simplement et humblement le droit de traverser une fois un champ en jachères.

—Aux temps, continua M. de Sommery, s'enivrant du bruit de sa voix et s'animant par degrés, où le pape Alexandre VI acheta publiquement la tiare, où ses bâtards firent périr les Vitelli et les Urbino, pour ravir leurs domaines.

— Mais, monsieur, vous pouvez refuser, et...

— Aux temps où l'église assassina Henri III, et Henri IV, et Guillaume, prince d'Orange, et fit couler des flots de sang depuis Constantin.

— Refusez, dit l'abbé, et il n'en sera plus question.

— N'a-t-on pas vu les Irlandais sacrifier à Dieu leurs frères protestants, les enterrer vivants, ouvrir le ventre des femmes enceintes, en tirer les enfants à demi-formés et les donner à manger aux chiens.

— Mais, monsieur, dit l'abbé Vorlèze en élevant la voix, il s'agit de votre jachère.

— Depuis les jours florissants de l'église, poursuivit M. de Sommery, jusqu'à 1707, pendant 1400 ans, la théologie n'a-t-elle pas causé le massacre de cinquante millions d'hommes.

— Alors, dit l'abbé, ne parlons plus de votre jachère; passons à la seconde demande.

Je vous avouerai que l'année dernière vous avez scandalisé toute la commune. Votre maison était la seule qui ne fût pas tendue; cela ne vous coûterait pas beaucoup de faire tapisser votre maison avec des draps blancs, et d'y attacher quelques bouquets.

— Je déclare, répondit M. de Sommery, qu'il n'y aura pas seulement une feuille d'arbre. Je ne veux pas, par mon exemple, encourager le retour du fanatisme.

— Du moins, consentirez-vous à faire balayer avec un peu plus de soin le devant de votre maison?

— Il ne se fera rien d'extraordinaire.

— Voudrez-vous alors faire rentrer, pour ce jour-là, le bois qui encombre la rue?

— Pour quel jour?

— Pour la Fête-Dieu.

— Quand est-ce la Fête-Dieu?

— Dans quatre jours.

— Le bois ne peut être rentré que dans six:

—Avancez le terme.

— Reculez la fête.

— Vous plaisantez.

—Pas plus que vous.

Madame de Sommery essuya furtivement une larme qu'elle ne put retenir, et elle resta les yeux baissés, craignant mortellement que cette larme n'eût été vue par M. de Sommery.

L'abbé leva les yeux au ciel, et, perdant graduellement sa timidité, donna à sa voix plus de sonorité.

— Mon Dieu, dit-il, quelle est donc cette époque où nous vivons, où l'on détruit tout ce qui est grand et beau, la royauté et la religion? Après avoir inventé le roi constitutionnel vous faut-il donc encore un Dieu constitutionnel, un Dieu admis à la retraite, ou plutôt condamné à une détention perpétuelle dans ses églises?

Mais ces fleurs que l'on offre à Dieu et dont on jonche les rues, ce n'est qu'une faible dîme prise sur les fleurs dont il couvre la terre. Vous voulez chicaner à Dieu cette fête d'un jour, et s'il vous retranchait cette belle et joyeuse fête de trois mois, qu'on appelle le printemps! Cette année, il n'y a pas eu un seul lis : le froid de l'hiver les a tués dans la terre. Cette année, les lis sont morts; chaque année peut-être il mourra une fleur, et une année viendra où il n'y en aura plus, où la terre oubliera de se revêtir au printemps de son riche manteau vert; où, sous la mousse séchée, le muguet et la violette, perle odorante, améthyste parfumée, se feront en vain chercher et ne fleuriront pas. Mais cette fête, dont vous refusez à Dieu sa part, ne voyez-vous pas que c'est à lui que toute la nature la donne, tous ces parfums qui montent au ciel, toutes ces voix joyeuses d'oiseaux qui chantent. —Croyez-vous que ces parfums et ces voix ne vont pas plus haut que vous, et qu'après que vous les avez respirés et entendues, ils s'évanouissent, elles s'éteignent.

Oh! non, pensez à toutes les roses de toute la terre, qui ouvrent leurs fleurs en petits encensoirs de pourpre, et exhalent toutes à la fois leur parfum; ne semble-t-il pas que le ciel de juin soit tout formé du parfum des roses!

Ah! si l'impiété pouvait se comprendre, ajouta l'abbé, ce serait au sein des grandes villes où il ne reste presque plus rien de ce que Dieu a fait, où on ne voit pas le ciel. Mais ici, où, en présence des grandes colères de l'Océan, l'homme se trouve à chaque instant dans des situations telles que la puissance de tous les hommes réunis n'en pourrait sauver un seul; — ici, peut-on oublier Dieu, peut-on croire que les fleurs n'ont été inventées que pour être jetées au théâtre à des danseuses en sueur.

M. de Sommery, dit en se rasseyant l'abbé qui s'était levé involontairement, vous n'êtes pas un méchant homme, cette impiété n'est pas dans votre cœur, c'est une malheureuse vanité qui vous fait parler ainsi.

Cette dernière phrase était malheureuse; elle irrita M. de Sommery, qui dit :

— M. Vorlèze, je ne savais pas que vous alliez prêcher en ville.

X.

Le lendemain, était la Saint-Paul, la fête de
M. de Sommery. Quoiqu'il ne l'avouât pas, le
colonel était fort sensible à ces petites solen-
nités ; aussi, ne négligeait-on rien pour y ajouter toute la pompe désirable. Après le dîner,
auquel avait été invité le curé, tous les domes-

tiques parurent avec des bouquets. — Madame de Sommery, la première, embrassa son mari en lui donnant son bouquet; Alida et Arthur la suivirent; — Clotilde avait joint au sien divers petits ouvrages qu'elle avait faits pour M. de Sommery. Elle s'inclina vers lui et lui baisa la main.

— Viens dans mes bras, Clotilde, mon enfant, car tu es aussi mon enfant, tu es le troisième; — viens, ma charmante Clotilde.

— Oh! monsieur, oh!...... mon père, dit-elle en baissant la voix; et elle l'embrassa avec effusion.

Le soir, le curé ne resta pas, M. de Sommery ne pouvait jouer aux échecs. Il pria Clotilde de lire:

Elle ouvrit la bibliothèque, et prit *Nanine;* Clotilde était assez adroite pour choisir Voltaire, quand même M. de Sommery aurait eu d'autres ouvrages que ceux de *son auteur.*

Clotilde lisait à ravir, mais le livre qu'elle

avait choisi avait un tel rapport à sa situation, que, d'abord, elle se contenta de lire froidement et en psalmodiant, tant elle craignait que sa voix ne prît des inflexions trop vraies. Mais bientôt elle pensa qu'il ne fallait pas hésiter; que cette soirée devait être terminée par une scène d'où dépendait sa vie; qu'elle allait jouer sur un seul coup toutes ses espérances; et elle ne négligea plus rien pour donner à sa voix toute la puissance qu'elle lui connaissait, pour faire ressortir les pensées et les sentiments de l'auteur.

Quand la baronne avoue au comte qu'elle soupçonne sa passion pour Nanine, et qu'elle lui dit :

>Vous oseriez trahir impudemment,
>De votre rang toute la bienséance;
>Humilier ainsi votre naissance,
>Et, dans la honte où vos sens sont plongés,
>Braver l'honneur?

Elle eut soin d'enfler le débit d'une façon presque grotesque, de telle sorte que Arthur et son père, saisis par le ridicule de la baronne, se fissent d'avance à eux-mêmes la réponse que fait le comte, réponse que Clotilde lut avec infiniment de verve et de noblesse.

Dites-les préjugés.

Je ne prends pas, quoiqu'on en puisse croire,
La vanité pour l'honneur et la gloire.
L'éclat vous plaît ; vous mettez la grandeur
Dans des blasons, — je la veux dans le cœur.
L'homme de bien, modeste avec courage,
Et la beauté spirituelle et sage,
Sans biens, sans nom, sans tous ces titres vains,
Sont à mes yeux les premiers des humains.

En lisant ce passage,

LA BARONNE.

Comment!
Comme elle est mise ! et quel ajustement !
Il n'est pas fait pour une créature
De votre espèce.

Clotilde décupla l'insolence du rôle; mais comme elle fut humble et douce dans la réponse :

NANINE.

Il est vrai, — je vous jure,
Par mon respect, qu'en secret j'ai rougi
Plus d'une fois d'être vêtue ainsi ;
Mais c'est l'effet de vos bontés premières,
De ces bontés qui me sont toujours chères ;
De tant de soins vous daigniez m'honorer.

Elle s'inclina imperceptiblement vers M. de Sommery.

Avec quelle touchante et fière mélancolie elle ajouta :

C'est un danger, c'est peut-être un grand tort
D'avoir une âme au-dessus de son sort.

Clotilde, jeune comme elle était, n'avait que l'instinct de la politique, aussi se laissa-t-elle prendre elle-même à ce qu'elle lisait, et elle se sentit des larmes dans les yeux en lisant ce que le comte dit à Nanine :

> Non, désormais soyez de la famille,
> Ma mère arrive, elle vous voit en fille.

Elle fut un peu embarrassée en disant, dans le monologue du comte, ces vers qui lui semblaient un éloge qu'elle s'adressait tout haut à elle-même :

> Je l'idolâtre, il est vrai, mais mon cœur
> Dans ses yeux seuls n'a point pris son ardeur.
> Son caractère est fait pour plaire au sage,
> Et sa belle âme a mon premier hommage.

Mais elle s'observa, se remit, et dit avec un ton convenable et avec une excessive froideur, pour donner au couplet tout l'air d'un raisonnement sans passion :

> Mais son état... Elle est trop au-dessus,
> Fût-il plus bas, je l'en aimerais plus.

Mais, puis-je enfin l'épouser? — Oui, sans doute.
Pour être heureux qu'est-ce donc qu'il en coûte.
D'un monde vain dois-je craindre l'écueil,
Et de mon goût me priver par orgueil?
Mais la coutume? — Eh bien! elle est cruelle,
Et la nature a des droits avant elle.

Mais, à la dernière scène, quand le comte dit à Nanine :

Ce qui vous reste, en des moments si doux,
C'est... à leurs yeux... d'embrasser... votre époux.

Tout le monde était ému ; Clotilde ne put se défendre de l'émotion générale, et ce fut avec un sanglot qu'elle cria le « moi ! » que répond Nanine.

Après l'avoir remerciée et lui avoir fait compliment de la façon dont elle avait lu, M. de Sommery commença un discours sur l'égalité et sur le mépris des préjugés. Alida s'esquiva et alla se coucher. Arthur et Clotilde écoutèrent religieusement M. de Sommery, car il ne disait pas un mot qui ne fût pour eux une promesse et un engagement. Pour madame de Sommery, elle n'embarrassait ni *n'entendait* pas beaucoup plus qu'un fauteuil, quoiqu'elle écoutât avec attention et respect.

Quand le discours fut fini, Arthur, très ému, se leva, vint prendre la main de son père et lui dit :

— Mon père, j'aime Clotilde.

— Parbleu, dit M. de Sommery, belle nouvelle; nous l'aimons tous, Clotilde, pourquoi ne l'aimerais-tu pas!

Ce pauvre M. de Sommery était à mille lieues de prévoir l'affreuse situation où il arrivait par une pente rapide, d'avoir à appliquer ou à renier une théorie, dont on n'a pas prévu les conséquences tant qu'il ne s'est agi que de parler ; conséquences qui se présentent en foule aussitôt qu'il faut agir.

Arthur ajouta : — Mon père, je l'aime d'amour, et je vous la demande pour femme.

— Ah bah! s'écria le colonel. Qu'est-ce que c'est que cette plaisanterie-là?

— C'est l'intérêt le plus sérieux de ma vie, mon père.

— J'espère que Clotilde n'est pas complice d'une pareille folie.

Clotilde baissa les yeux sans rien dire; la bataille lui paraissait mal engagée et perdue, elle ne voulait pas *donner.*

Elle se leva, fit une révérence et se retira. Elle eut soin de faire entendre les portes qu'il fallait ouvrir et fermer pour aller du salon à sa chambre, puis elle revint sans bruit écouter ce qui allait se passer dans le salon.

XI.

C'était le soir, l'abbé Vorlèze arriva très affairé et sans vouloir prendre un siége, dit à M. de Sommery : Au nom du ciel, monsieur... mais j'oublie que c'est près de vous une mauvaise recommandation ; au nom de la morale publique, au nom de ce qui vous est quelque chose, — au nom de M. de Voltaire, — si vous voulez..... faites balayer le devant de votre maison : ce sera la seule demain matin pour laquelle on n'aura pas pris ce soin.

M. de Sommery ne fut nullement troublé de l'exorde *ex abrupto* de l'abbé ; il l'avait prévu, et toute la journée il s'était attendu à le voir arriver d'un moment à l'autre.

Aussi il répondit en souriant : L'abbé, je suis fâché pour vous que vous n'ayez pas pu voir la singulière grimace que vous avez faite en prononçant le nom de Voltaire.

— Ne plaisantons pas, M. de Sommery, vous n'êtes pas méchant ; si je vous demandais un service plus important à vos yeux, où il vous fallût m'aider de votre argent ou de votre personne, je suis persuadé que je l'obtiendrais, et vous ne me refusez ce que je vous demande que par votre entêtement contre tout ce qui tient à la religion. Vous le poussez si loin, que Vatinel, le maire, m'a dit que vos domestiques avaient chassé, injurié et menacé les balayeurs de la mairie. N'est-ce pas un enfantillage que d'empêcher ainsi qu'on nettoie la rue?

— M. Vorlèze, dit M. de Sommery avec l'air le plus sérieux et le plus digne dont il put s'affubler, certes, en des temps ordinaires, je ferais à peu près comme tout le monde ; mais à cette époque[1], où le parti prêtre, *échoué* sous les *coups* de la philosophie, dont *l'égide* peut à peine *arrêter le char* de l'État *suspendu* sur *un volcan* ; à cette époque ou le clergé *relève sa tête et renaît de ses cendres*, pour dominer encore despotiquement notre malheureux pays ; à cette époque où tout le monde courbe le front sous le double joug de l'Église et du pouvoir, un citoyen doit protester par un exemple énergique.

— O mon Dieu ! murmura l'abbé, est-ce donc par de semblables phrases que l'on gouverne les hommes ? Mon bon monsieur de Som-

[1] Voir le *Constitutionnel* d'alors.

mery, qu'est-ce donc que ce *vaisseau échoué qui relève la tête et renaît de ses cendres pour dominer?* Qu'est-ce encore, ô mon bon ami, que *ce bouclier qui arrête un char?* Comment voulez-vous que je réponde à un semblable galimatias ?

— Je le crois, dit M. de Sommery avec un sourire de satisfaction, je le crois bien, vous ne comprenez pas ce langage ferme et franc ; ce langage qui dénonce avec courage les abus et les tendances de l'église et du pouvoir.

— Église dangereuse, en effet, dit avec amertume M. Vorlèze, Église dangereuse, et contre laquelle on ne saurait trop prendre de précautions, que celle qui est représentée ici par un pauvre prêtre, qui a un peu moins de revenu que vous ne donnez de gages à vos domestiques, et qui, ce soir encore, va raccommoder lui-même la seule soutane qu'il possède, pour se faire beau demain ! Pouvoir bien menaçant que celui d'un maire en sabots, qui déjeunait ce matin sur la plage avec un morceau de pain et un oignon cru !

— L'abbé, je suis réellement fâché de vous refuser, mais tout mon monde est occupé, et je ne puis faire négliger des travaux importants.

L'abbé s'inclina et sortit.

M. de Sommery ne tarda pas à sortir également pour promener Baboun, comme cela lui arrivait à peu près tous les soirs. — Baboun descendit lentement, puis, s'arrêtant à la porte de la rue, fit entendre un sourd grognement. Ce grognement était causé par une grande figure noire qui s'agitait devant la porte.

M. de Sommery regarda qui pouvait venir aussi tard, il était dix heures, rôder ainsi devant sa maison. — On ne rôdait pas, — la grande figure noire tenait un balai et balayait. « Ah ! pensa M. de Sommery, ils entretiennent des intelligences jusque dans les maisons et au sein des familles ; ils arment le fils contre le père, et le serviteur contre le maître. L'abbé aura *corrompu* quelqu'un de mes domestiques pour faire balayer; » et, comme le colonel s'avançait pour reconnaître lequel de ses gens l'Église avait *armé* contre lui d'un balai de bouleau, la figure se retourna brusquement en entendant des pas, et M. de Sommery reconnut l'abbé Vorlèze lui-même. Le pauvre prêtre ne *pouvait* CORROMPRE personne, — c'est ce qui ne nous met pas à même de juger s'il aurait eu la vertu de ne pas le vouloir, — et il balayait lui-même le devant de la maison de M. de Sommery.

— L'abbé, êtes-vous fou? s'écria le colonel. Quoi! vous-même, faire la besogne d'un valet de ferme?

— Vous m'avez dit, M. de Sommery, répondit l'abbé tout confus, que vos gens étaient occupés.

— Mais je ne veux pas, l'abbé, que vous balayez, — vous, — le devant de ma maison; homme obstiné, appelez un domestique.

— Oh mon dieu! dit l'abbé, j'ai presque fini.
Et il se mit à continuer.

— Mais je ne le veux pas, répéta M. de Sommery; vous, M. Vorlèze, ce n'est pas là votre place ni votre ouvrage.

Et, comme l'abbé continuait, M. de Sommery mit la main sur son bras et l'arrêta.

— Laissez-moi faire, monsieur, dit l'abbé; laissez-moi éviter le scandale qui aurait lieu demain.

— Mais non, mais c'est impossible, — un prê.., — un homme bien élevé.

Et M. de Sommery, arrachant le balai des mains de l'abbé, voulut balayer lui-même. L'abbé reprit le balai, que M. de Sommery lui arracha encore une fois pour donner les derniers coups que la propreté de la rue demandait encore.

L'abbé serra les mains du colonel et disparut. Le colonel resta debout dans la rue, fort irrité contre lui-même de ce qu'il venait de faire; mais cependant, se disait-il, on ne pouvait le laisser..... Il frappa du pied et rentra. Il ne dit rien à personne de ce qui venait de se passer, et se coucha de mauvaise humeur.

XII.

Zoé Reynold à Marie-Clotilde Belfast.

Je t'avouerai, ma chère Clotilde, que je ne comprends plus rien à ton histoire. Rien ne t'arrive qui ressemble à ce qui arrive à tout le monde; les événements les plus ordinaires et les plus communs prennent un air de bizarrerie sitôt que tu y es pour quelque chose. L'atmosphère qui t'entoure semble un de ces lieux enchantés où tout change de forme et de figure; je ne trouve l'équivalent de ta vie ni dans la vie ordinaire, ni dans les romans, ni dans les comédies. Tu mets toutes les prévisions en défaut; le commencement avec toi ne sert jamais à deviner la fin.

Je me rappelle encore notre liaison quand nous étions petites filles; — nos poupées pour lesquelles nous étions si sévères, et nos jardins où nous plantions dans le sable des fleurs coupées. — De nous trois, toi, la fière Alida et moi, il n'y a encore qu'Alida de mariée. Son roman n'a présenté aucun intérêt; elle a épousé un homme riche, sans que l'amour d'un beau jeune homme, *pauvre, mais honnête,* vînt se jeter à la traverse. Moi, j'épouserai mon cousin aussitôt qu'il aura la place qui lui est promise, et je ne changerai même pas de nom. — Je m'appellerai madame Reynold comme je m'appelle mademoiselle Reynold. Je le vois tous les jours, du consentement de mes parents qui l'appellent leur fils ; nous avons tellement le droit de nous dire tout ce qui nous passe par la tête et par le cœur qu'aucun de nous n'a encore pensé à écrire à l'autre. Je ne comptais donc que sur toi pour voir se réaliser un de ces beaux romans que nous lisions la nuit avec des bougies volées chez les parents et rapportées clandestinement dans les manchons — ou au fond du jardin de récréation.

Au commencement, tout allait pour le mieux. Orpheline, accueillie par un *compagnon d'armes* de ton père *mort au champ d'honneur,* élevée avec le fils de la maison qui te regardait comme une seconde sœur, tu étais entraînée par la situation, rien n'y manquait ; ton père, simple capitaine, homme sans naissance et sans fortune ; ton frère d'adoption riche et noble. Il y avait entre vous la question de la *mésalliance* si chère et si commode aux romanciers allemands ; un père inflexible, une malédiction, ta fuite dans une chaumière, etc.

Mais non, il faut que M. de Sommery, imbu de la philosophie du dix-huitième siècle, passe sa vie à parler contre les *préjugés*, et que dès le premier chapitre il vienne déclamer :

Les hommes sont égaux, ce n'est pas la naissance,
C'est la seule vertu qui fait la différence.

Il n'y a plus de roman ; le fils t'aime, te demande à son père, qui dit : Mais comment donc !... et l'on fait imprimer les lettres de fairepart. Ce roman manqué, il s'en présentait un autre. Un jeune homme aux cheveux noirs, un Vatinel au langage énergique, aux muscles d'acier, apparaît au milieu des sifflements du vent et des colères de la tempête ; son œil est perçant, sa voix vibrante. — Tu te sens subjuguée ; tu renonces à la fortune, *aux grandeurs*, pour la *simple cabane* de pêcheur. Celui-là manque aussi ; et cette fois par ta faute, car le jeune homme se conduit à merveille. Il ne brusque rien, il te tient les discours les plus corrects, les plus indiqués pour la circonstance; il te parle de la lune et des étoiles; il renonce à tout pour toi; il n'ose effleurer ta robe, et te demande presque pardon d'oser marcher sur la même terre que toi. — En un mot, il se conduit comme tout amant un peu bien élevé le doit faire, vers la page 180 du premier volume.

Mais toi, tu trouves le livre mauvais et tu le jettes pour reprendre le premier que tu avais déjà jeté, et tu reviens à Arthur de Sommery.

Hélas! ma bonne Clotilde, il n'y a rien à faire de ce côté-là; tu ne feras jamais de ce brave M. de Sommery un père capable de finir convenablement un premier volume. Il n'a à répondre à la demande de son fils que par le plus plat consentement. Il sera fier de cette mésalliance qui rendrait épileptique tout autre père; il n'aura qu'un regret, c'est qu'elle ne soit pas assez complète pour que son sacrifice à la philosophie en prenne plus d'éclat.

M. de Sommery, j'allais dire, ton beau-père, et il l'est peut-être déjà, tant votre situation est ridiculement simple; M. de Sommery voudrait que ton père eût été un simple soldat; que dis-je? un mendiant; il ne serait même pas bien fâché qu'il eût été un peu aux galères, parce qu'alors il y aurait un bon gros préjugé à braver. Mais la fille d'un capitaine!...

Dans les idées *d'égalité* qui règnent aujourd'hui, c'est-à-dire d'abaissement des grands au-dessous des petits; dans ces idées où il n'y a de tyrannie que celle des opprimés, c'est toi qui fais la mésalliance, c'est toi qui braves le préjugé; toi, roturière, tu consens à épouser un noble!

Presque tous les romans se faisaient autrefois sur cette thèse :

On a vu des rois épouser de simples bergères.

Mais qu'a cela d'étonnant aujourd'hui? Quel obstacle sépare les bergères des rois, jusqu'au moment où on ne trouvera plus de bergère assez simple pour consentir à épouser un roi?

Il ne me reste qu'un espoir, c'est que ton jeune forban, le Vatinel aux cheveux noirs, t'enlève en qualité de pirate, ou fende, d'un coup de sa hache d'abordage, la tête du jeune Arthur de Sommery, ton fiancé et peut-être déjà ton époux.

Mais, sérieusement, une chose me console presque de voir qu'aucune de nous trois ne réussira à faire un petit roman. C'est la mauvaise humeur qu'aura Alida de ce mariage, qui te donnera un nom dont elle était si impertinente, et dont, malgré la fameuse parenthèse (née de Sommery), aucune de ses amies n'a la charité de la faire annoncer dans son salon.

Je ne te dis pas de me répondre ; — ta dernière lettre m'annonçait que tu avais autorisé l'amoureux Arthur à demander ta main à son père ; — le reste va tout seul. Tâche seulement que la noce se fasse à Paris, sinon je ne pourrai pas te tenir la promesse que nous nous sommes faite de nous servir réciproquement de demoiselle d'honneur.

ZOÉ.

XIII.

Clotilde à Zoé.

Hélas! ma chère Zoé, me voici jetée, plus que tu n'aurais osé me le souhaiter, dans ces voies romanesques que tu regrettais si fort de me voir abandonner.

M. de Sommery a refusé positivement ; — il n'a été ébranlé ni par les prières, ni par les larmes de son fils. J'ai eu la maladresse de lui montrer la contradiction de ses principes et de ses actes, et je l'ai humilié. Ses manières d'agir ont tout à coup changé avec moi. Il a cru devoir me marquer avec sévérité les limites que j'avais voulu franchir. Je ne suis plus dans la maison le troisième enfant. Tout me rappelle la *charité* qui m'a élevée et qui me nourrit. Depuis trois jours, il ne se dit pas un mot, il ne se fait pas un geste qui ne soit pour moi un coup de poignard. O Zoé! tu ne sais pas ce que c'est qu'être humiliée par des gens à qui l'on doit de la reconnaissance ; cela est si poignant, qu'au premier mot de dureté que j'ai entendu de M. de Sommery, je me suis cru quitte envers lui de quinze années de bienfaits, et qu'au second je me croyais à mon tour bien généreuse de ne pas les haïr tous.

Quelle fausse pitié ces gens-là avaient de moi. S'ils m'avaient réellement aimée, ne devaient-ils pas redoubler de tendresse et de bontés au moment où ils me refusaient ce que je leur disais être mon bonheur. Ne devaient-ils pas chercher à guérir mon cœur meurtri de la chute qu'ils lui faisaient faire. Mais non, ils m'ont accablée encore. Que faire maintenant? que devenir? Car je ne resterai pas dans cette maison, où l'on ne m'avait accueillie que pour en tirer vanité, et où l'on me punit si cruellement d'avoir pris au sérieux tous ces faux semblants d'affection que l'on ne tenait à persuader qu'aux spectateurs. Quel est maintenant le service que l'on m'a rendu; — quel peut-être mon sort; — quels sont mes moyens d'existence; — à quoi me servira cette éducation que l'on m'a donnée, au lieu de m'avoir élevée d'une manière conforme à ma triste fortune et qui me permît de me suffire à moi-même dans l'abandon où l'on me rejette, abandon mille fois plus cruel que celui où m'avait laissée en mourant mon malheureux père?...

Ah! pourquoi n'ai-je pas cédé à cet instinct

secret qui me poussait vers Tony Vatinel. Mais, aujourd'hui, que je l'ai repoussé, irai-je lui dire : Je reviens à vous, parce que les parents d'Arthur me chassent et ne veulent plus de moi.

J'ai tout sacrifié à l'ambition, et, aujourd'hui, je suis seule, — sans appui.

Mais non, le châtiment doit retomber sur ceux qui ont commis la faute, sur ceux qui ne me laissent pas d'autres ressources que d'arriver malgré eux à mon but. La partie est perdue, mais cependant j'ai encore un coup à jouer. Tu me reverras triomphante, ou tu ne me reverras pas. Je mourrai à dix-neuf ans, dans les flots de cette mer moins orageuse que mon cœur, ou, dans un mois, on annoncera chez toi

Madame de Sommery.

CLOTILDE.

XIV.

Robert Dimeux de Fousseron à Tony Vatinel.

C'est incroyable, combien plus de sottises on dirait encore qu'on n'en dit, si les anciens n'étaient venus avant nous pour nous les enlever. Il est vrai que les générations qui se sont suivies ont toujours, en ce cas, repris leur bien où elles le trouvaient, et ne se sont fait aucun scrupule de traduire et de répéter ce qu'avaient dit déjà et répété les premières. Dans les livres de tous les temps et de tous les peuples, on trouve répété à chaque instant le « *fugit* IRREPARABILE *tempus ;* » on l'a écrit sur le marbre, sur le papyrus, sur la cire, sur le papier : ce qui n'a jamais empêché ceux qui écrivaient, lisaient et répétaient ces lieux communs sur la rapidité et la fuite *irréparable* du temps, de passer toute leur vie à se plaindre également des heures qui durent un siècle. Pour moi, je n'ai jamais trouvé *irréparable* le temps qui s'en va, et il est toujours en ma puissance de revoir les jours passés. Nous disons que le temps passe, comme il semble que les arbres s'enfuient en déroute sur les deux rives d'un fleuve dont le courant nous entraîne. Le temps est immobile, et c'est l'homme qui passe; — mais il peut, quand cela lui plaît, revenir sur ses pas et parcourir de nouveau la partie de la rive où il a trouvé les plus belles fleurs et les plus doux parfums. Il peut revenir entendre encore cet oiseau qui chantait dans l'aubépine en fleurs quand il a passé la première fois. Cette puissance magique est ce qu'on appelle le souvenir.

C'est ce qui m'arrive, quand, à la tournure que prennent les choses, je vois qu'une journée sera triste et insignifiante. J'en rappelle une de ma vie passée et je la recommence. Il suffit pour m'y reporter complétement de me faire jouer un air que j'ai entendu ce jour-là, ou de m'enfermer dans une chambre tendue comme celle où j'étais alors; ou de voir au ciel un nuage fait comme un nuage que j'avais remarqué, et la tranformation est aussi subite que complète. Mets-moi au soleil de juin, dans un champ de luzerne rose sur laquelle voltigent de petits papillons d'un bleu changeant; et j'ai dix ans, et je ne sais plus rien de la vie. Je poursuis les papillons et je ne trouve plus en moi d'autre désir d'autre ambition que de les atteindre; et s'il passait alors quelque homme vêtu d'un vieil habit noir, je me cacherais derrière les peupliers, par crainte de M. *Pocquet* et de ses *pensums*.

Il a tombé ce matin une de ces pluies fines et tièdes qui répandent dans l'air tant de sérénité, de silence et de parfums. J'ai beaucoup d'affaires aujourd'hui. Eh bien! en vain je me suis cramponné à ce jour où nous sommes; le souvenir m'a enlevé dans ses serres, comme le *Roc* des Mille et Une Nuits, et m'a reporté à huit ans en arrière; je me suis enfermé, et je t'écris. A demain les choses sérieuses; elles me paraissent trop futiles aujourd'hui. C'est de ce jour, il y a huit ans, mon cher Vatinel, que date notre amitié qui jusque-là n'avait été qu'une camaraderie de collége; — notre amitié, la seule chose aujourd'hui réelle et sérieuse pour moi.

Ce jour-là, nous étions partis de *Lisieux* de grand matin pour aller voir mon château de

Fousseron. Je me rappelle bien encore la salle de l'auberge où nous avions passé la nuit à *Lisieux*. De la rue, il fallait descendre trois marches. Un parent mort depuis quatre mois m'avait légué « sa terre de Fousseron, » et nous étions partis de Paris pour la visiter. Te rappelles-tu comme moi de quel crêpe énorme j'avais couvert mon chapeau en l'honneur de ce parent que je n'avais jamais vu. De *Paris* à *Lisieux* nous avions fait les plus beaux projets sur ma terre de Fousseron. Nous étions tout jeunes encore. J'avais vingt ans, et tu en avais à peine dix-sept. — Nous devions y passer les étés, y chasser à courre ; et tu te mettais, à cette idée, à chanter un air de chasse. — Le *sanglier*, disais-tu, et nous chantions la fanfare du *sanglier*; au *sanglier* succédait le *chevreuil;* au *chevreuil* la *vue*, à la *vue* les *lancés*. Et nous perdions la mémoire de nos projets pour épuiser pendant une lieue tout notre répertoire de musique de *trompe*. Tu m'appelais M. de Fousseron, et cela nous faisait étouffer à force de rire.

— Je voudrais bien savoir s'il y a des créneaux, messire, me disais-tu, à ton château de Fousseron ; — et un pont levis, ajoutais-je.

Et le droit de haute justice.

Et un colombier.

— Ma foi, Robert, disais-tu, tu *feras* bien de ne pas le faire reconstruire à la moderne.

— Je le *laisserai* tel qu'il sera, repliquais-je, passant comme toi du *conditionnel* au *futur*.

— Tout ce que je demande, c'est qu'il y ait de grandes prairies.

— Et un petit courant d'eau.

— L'eau est la vie du paysage.

— La barque *doit être* pourrie.

— *Nous* en mettrons une autre.

Je ne répondis pas, je trouvais que tu disais un peu trop *nous* relativement à ma seigneurie de Fousseron.

A Lisieux, nous n'osâmes pas demander de renseignements sur *Fousseron*, et nous ne dimes même pas dans l'auberge où nous avions couché, de quel côté nous dirigions nos pas. Nous sortîmes de la ville du côté opposé à Paris, et nous demandâmes au premier paysan; le rustre ne connaissait pas *Fousseron*.

— Vous n'êtes peut-être pas du pays?
— Si vrai ben.
— Pas depuis longtemps?
— Mon père y est né et défunt.

Un second ne connaissait pas davantage Fousseron.

Un troisième, un quatrième n'étaient pas plus savants. Enfin, une vieille femme nous dit : Prenez le chemin en montant ; allez jusqu'à une ferme sur la droite, et là vous demanderez.

Nous nous remîmes gaiement en route. Nous avions pensé un moment que Fousseron n'existait peut-être pas. La vieille femme nous avait rassurés.

Il était tombé au point du jour une petite

pluie fine et tiède comme ce matin. Seulement on était alors au mois de mai.

Tu vois comme je me rappelle tout : ces souvenirs me donnent une sensation agréable dans la poitrine ; avec cet air semblable de ce matin, j'ai aspiré la jeunesse, les rêves et les idées d'alors. Cette petite pluie douce, c'était le printemps qui tombait du ciel ; un beau soleil vint après, et sous ses rayons s'ouvrirent dans l'herbe les petites pâquerettes blanches avec des gouttes de pluie qui brillaient de couleurs changeantes comme des opales. Les pommiers, en boutons la veille, ouvraient leurs fleurs blanches bordées de rose. Il semblait que tout cela était tombé du ciel avec la pluie ; la nature avait sa robe de noces. Sous nos pieds les marguerites, sur nos têtes les fleurs des pommiers : il semblait aussi que l'âme s'épanouissait. Une foule de petites sensations, de petits bonheurs fleurissaient dans nos cœurs. Nous étions joyeux sur le chemin comme les fauvettes qui chantaient dans les haies, comme les abeilles qui bourdonnaient dans les pommiers, comme le lézard qui faisait frémir l'herbe.

— Oh! Robert, me dis-tu, que l'homme est riche; et comme Dieu a doté ses enfants!

— Tiens, Vatinel, en rappelant tes paroles, je les prononce avec ta voix, je les entends, je te vois; mon imagination n'oublie pas un brin d'herbe; je revois le ciel bleu que nous voyions par taches à travers les branches des pommiers. Je ne saurais te dire quelle inexprimable sensation de joie et de bonheur j'éprouve.

— Tiens, Vatinel, nos premières années sont comme des pères prodigues; elles déshéritent les dernières; mais, en retrouvant si bien ces doux souvenirs, surtout en retrouvant dans mon cœur tant de puissance pour les sentir, même aujourd'hui, je m'écrie comme toi alors : Oh! Vatinel, que l'homme est riche! et comme Dieu a doté ses enfants!

Nous trouvâmes enfin un enfant qui nous conduisit à mes domaines de Fousseron. Chemin faisant, nous essayâmes de le faire parler sans cependant lui adresser de questions trop directes sur l'importance de mes propriétés.

— Tu connais Fousseron?

— J' crès ben, j'y mène tous les jours que Dieu fait pâturer mes chèvres dans le jardin.

— Comment! pâturer tes chèvres dans le jardin; et comment y entres-tu?

— Et à travers la haie donc, j'y ai fait un trou à passer un homme.

— Un trou dans une haie! te dis-je, à voix basse.

— Allons, me dis-tu, te sens-tu déjà pris du démon de la propriété, et l'air de la Normandie ne peut-il se respirer sans qu'on soit atteint de la contagion des procès?

Je ne trouvai pas, je puis te l'avouer aujourd'hui, de très bon goût ta plaisanterie sur une chose aussi grave.

— Et que dit le garde? demandai-je à l'enfant.

— Le garde?

— Oui, le garde. Qu'est-ce qu'il te dit quand tu passes à travers la haie?

— Est-ce qu'il y en a un de garde?

— Je te le demande.

— J'sais pas, mé, j'en ai point vu, dà.

— Et qu'est-ce que tu fais pendant que tes chèvres pâturent?

— Et j'coupe de l'herbe donc, et j'pêche dans le ruisseau.

Ce petit usurpateur commençait à me devenir aussi odieux qu'un autre Normand,— Guillaume, dut l'être aux Anglais, huit siècles auparavant. Cependant, cette mention du ruisseau fit que toi et moi nous échangeâmes un sourire de satisfaction.

— Sommes-nous bientôt arrivés?

— Eh bé! vla l'trou de l'haie, passez itou comme mé.

— Merci, voilà pour ta peine; va-t-en.

— Nenni, que j'm'en va point, mes chèvres y sont qui pâturent.

— Comment, tes chèvres?

J'étais prêt à faire explosion; — tu passas à travers la haie, — nous nous trouvâmes dans une *cour* couverte d'herbe et de pommiers.

— Où est le château?

— L'château? Ça doit être ça, y a point autre chose, dà.

Et le petit paysan nous montra quatre murs, sur lesquels restait la moitié d'un toit.

— Comment, il n'y a pas de maison?

— La v'là, la maison.

— Mais sur le reste de la terre?

— Vous la voyez, la terre; l' domaine finit à l'haie d'épine, — que le ruisseau est *soi-disant* à Pierre Meglou, qui va faire un procès.

— C'est ça Fousseron?

— Et j'en sais point d'autre, dà.

Nous nous regardâmes abasourdis du coup,

et puis nous partîmes d'un grand éclat de rire. Tu t'inclinas et tu te mis à chanter :

>Tout le village
>Vient à l'unisson,
>Pour rendre hommage
>Au seigneur de Fousseron.

—Tiens, dis-je à l'enfant, voici pour toi, et vas faire pâturer tes chèvres ailleurs.

—Merci, m'sieu.

Et il s'en alla.

—Messire de Fousseron, dis-tu, permettez au plus fidèle de vos vassaux de vous faire hommage lige.

Les éclats de rire recommencèrent, puis nous nous mîmes à examiner mon domaine.

—La maison avait parbleu bien une chambre et demie, les murs étaient verts de mousse; sur un des côtés montait un vieux lierre.—Le toit était couvert de giroflées en fleurs qui, vues d'en bas, semblaient des étoiles d'or dans le ciel. L'herbe était verte et molle et parsemée aussi de pâquerettes; mais cette herbe et ces pâquerettes étaient à moi; elles me parurent bien plus belles que celles que nous avions foulées depuis le matin. Les pommiers avaient plus de fleurs;—le soleil était plus chaud;—le ruisseau murmurait sur les cailloux, et je me sentis l'ennemi de Pierre Meglou, qui avait l'audace de me le disputer. Mon ruisseau, vive Dieu! *à la rescousse!* Mon ruisseau est à moi.

Et ce trou dans ma haie me gênait aussi beaucoup.

Nous finîmes par trouver Fousseron un endroit ravissant; les oiseaux qui y chantaient étaient à moi. Tu les intitulas: *La musique de sire Fousseron.* Un gros merle noir, au bec orange, fut promu à la dignité de *maître de chapelle.*

C'était un calme et un silence enchanteurs. —On sentait une si grande paix dans le cœur. —On était affectueux et bienveillant.

—Robert, me dis-tu, nos cœurs sont en ce moment un digne temple pour l'amour.—Où est la femme que j'aimerai?

—Tony, repris-je, j'aime et je te parlai d'Alida de Sommery; je te lus une de ses lettres, et de ce jour nous fûmes amis pour la vie.

Depuis ce jour-là j'ai perdu toutes mes belles illusions. J'ai fermé mon cœur, parce que la réalité n'y entrait que pour le ravager, et j'y ai précieusement serré le passé. — Je me suis fait une existence factice. — J'assiste à la vie comme un spectateur assez bien assis. Mais, je te le répète, Tony, quand j'ouvre ce riche écrin de mon cœur, et que j'en vois tant de belles pierreries; — quand je pense surtout à notre amitié, je dis : Que l'homme est riche, et comme Dieu a doté ses enfants.

ROBERT.

XV.

Tony Vatinel à Robert Dimeux de Fousseron;

Au moment où je reçois ta lettre, je viens de conduire au Hâvre un homme qui emmène, pour l'épouser en Angleterre, une femme que j'aimais de toutes les forces de mon âme.

Tony.

XVI.

Robert Dimeux de Fousseron à Tony Vatinel,

Pauvre Tony, je sais ce que doit être l'amour dans un cœur comme le tien. Tu dois être bien abattu, bien malheureux.

Écoute,—pars; vas à Honfleur, de Honfleur à Lisieux.—Je vais partir de Paris; nous passerons quelques jours ensemble.—Il y a deux ans, j'ai fait refaire le toit de mon château de Fousseron, et j'ai chargé Pierre Meglou de refermer la haie et d'en prendre soin. — Viens y rester avec moi pendant un mois, nous y vivrons seuls, au sein de la nature. — Viens, nous parlerons de ton amour, de ton chagrin. — Moi, depuis longtemps, je n'ai plus ni amours ni chagrins que les tiens.

Je me mets en route ce soir.

ROBERT.

XVII.

Tony et Robert passèrent quelques jours ensemble au château de Fousseron. Robert avait eu, au commencement de sa vie, une grande passion qui avait fini tristement, comme cela doit être, chaque fois que l'on demande à la vie des choses qui ne sont pas en elle. Il avait voyagé et il était revenu guéri, avec une ferme et invincible résolution de ne plus prendre la vie au sérieux, et il avait parfaitement soutenu son paradoxe : l'amour surtout était pour lui une perpétuelle ironie. Il était convaincu qu'en amour, il y en a toujours *un* qui aime *l'autre* et est sa dupe. Il était décidé à n'être plus jamais que *l'autre*.

Avec le souvenir de ce qu'il avait ressenti pour une seule femme, il s'était fait à l'usage des autres une éloquence du plus grand effet. D'ailleurs, n'étant jamais entraîné par la passion, il apportait dans l'escrime de galanterie que l'on appelle *amour* dans le monde, un sang-froid et une sûreté de coup d'œil qui lui assuraient un immense avantage sur ses belles adversaires. Il communiqua à Vatinel ses théories à ce sujet ; mais Vatinel était d'une autre trempe que lui ; l'amour que Vatinel éprouvait pour Clotilde était devenu sa vie tout entière.

La maladie est rebelle, dit Robert, les symptômes graves et alarmants résistent à mes efforts. Tu vas voyager.

Tony Vatinel se laissa embarquer.

Pendant ce temps, Clotilde, qui avait réussi à se *laisser* enlever par Arthur, avait été mariée en Angleterre et était venue s'établir à Paris, où elle avait fait quitter à son mari sa place dans l'administration.

M. de Sommery avait refusé de la reconnaître pour sa belle-fille, et il avait envoyé à son fils une malédiction d'après la formule antique, et une menace de le déshériter; mais au bout de six mois, il trouva sa maison bien vide, et il consentit à ce que son fils vînt passer quelques mois à Trouville, mais sans MADEMOISELLE *Belfast*. Le fils refusa, le père pria et obtint quinze jours. Clotilde fut très irritée de l'*obstination* de la famille à ne pas l'admettre.

Madame Alida Meunier accoucha d'une fille et n'en fit point part à sa belle-sœur.

Clotilde se mit à recevoir. Sa grâce, son esprit, le bon goût de sa maison, firent bientôt regretter à Alida de ne pas aller là où allait tout le monde, et elle *céda* aux instances de son frère.

Ce qui n'aurait été entre les deux belles-sœurs qu'une malveillance fort ordinaire si elles eussent continué à ne pas se voir, devint une haine envenimée par l'obligation où elles se trouvèrent de vivre aux yeux du monde dans une intimité fraternelle. Clotilde, infiniment supérieure à Alida par sa beauté et par la fascination de son esprit, aurait augmenté cette haine tout naturellement par ses succès, quand même elle aurait négligé toutes sortes de petites humiliations dont elle ne se faisait pas faute.

Alida ne pouvait répondre à des attaques qu'elle seule comprenait, que par des violences visibles ou des aigreurs bruyantes; et elle se sentait encore plus irritée de paraître toujours avoir tort dans un combat d'où elle sortait toujours la plus profondément blessée.

XVIII.

Nous avons imprudemment laissé entrer dans notre livre une petite Zoé Reynold, qui maintenant a le droit d'y paraître et d'y vivre aussi bien que nos autres personnages.

Mademoiselle Zoé Reynold nous impose son cousin et futur mari, M. Charles Reynold.

Je suis réellement effrayé de voir à combien de personnages j'ai donné une dangereuse hospitalité, moi qui, ennemi de la foule, ai toujours eu un si grand soin de n'admettre que deux ou trois personnes dans ma retraite.

Car, ces personnages évoqués, ils vont demeurer avec moi pendant un mois et demi. Ils vont être ma société intime, ils ne me quitteront pas, ils se promèneront pendant six semaines dans mon jardin. Bien heureux serai-je encore s'ils veulent bien ne marcher que dans les allées; ils parleront et bourdonneront sans cesse à mes oreilles, et le vendredi, à cette table où il ne s'assied que l'ami Gatayes, ils viendront pendant six semaines manger notre gigot et nos haricots. Plus de calme, plus de solitude!

Passe encore quand je ne donne asile qu'à d'honnêtes personnes, à des gens selon mon cœur; j'ai eu parfois d'excellentes relations, et je ne regrette pas le temps que j'ai passé avec quelques-uns des héros de mes livres précédents.

Je ne me plains ni de *Stephen* ni de *Magdeleine*. *Vilhem Girl* a toujours été bon compagnon. *Antoine Huguet* et ses amis m'ont bien amusé. *Geneviève*, *Rose* et *Léon* ont été pour moi d'excellents amis, sans parler de plusieurs centaines d'autres enfants qui me doivent le jour, et dont je n'ai pas trop à me plaindre.

Mais cette fois, cette petite *Clotilde* me gêne étrangement. Il y a en elle je ne sais quoi de sinistre et de menaçant; c'est ce qui m'explique la faiblesse qui m'a fait donner accès à Zoé Reynold et à son cousin, dont nous allons un peu nous occuper, tandis que Tony Vatinel voyage; que Clotilde et Alida s'enveniment l'une contre l'autre; que M. de Sommery et l'abbé Vorlèze jouent aux échecs et se disputent, et que madame de Sommery existe, car elle n'a pas autre chose à faire dans la vie.

XIX.

Un dragon traverse au grand trot les rues de Paris. — Les fers de son cheval font jaillir du pavé des milliers d'étincelles; son sabre retentit dans le fourreau. On se range en toute hâte sur son passage; les mères se serrent contre les murailles avec leurs enfants. — Les hommes laissent échapper des paroles de mauvaise humeur.

Où vas-tu, guerrier,—où s'arrêtera ton coursier écumant?

Vas-tu sur un champ de bataille rejoindre ton drapeau, donner ou recevoir la mort? Ou, simple messager, apportes-tu la nouvelle d'une victoire ou d'une défaite? Demain, les cloches des églises appelleront-elles les hommes pieux et les hommes curieux à un *de profundis* ou à un *Te Deum?*

Quelque malheur public va-t-il réjouir les employés, les ouvriers et les lycéens, en fermant les ateliers, les bureaux et les colléges pour vingt-quatre heures?

En te voyant passer aussi rapidement, on s'interroge, et plus d'une portière pense à retirer son argent de la caisse d'épargne.

Où vas-tu, guerrier, et d'où viens-tu?

Es-tu un messager de crainte ou d'espérance, —de joie ou de deuil?

Non, le guerrier est une estafette envoyée du ministère des Finances à la rue du Faubourg-Poissonnière, par M. Charles Reynold, employé de ce ministère, pour porter à sa cousine, mademoiselle Zoé Reynold, la lettre que voici, et sur laquelle il a écrit : *Service du ministre.*

« Ma chère Zoé,

« Il me sera impossible d'aller ce soir chez mon oncle, comme tu me pries de le faire. Une partie de plaisir, convenue avec plusieurs amis, prendra toute ma soirée ; — mais, demain soir, je me rendrai à ton invitation. J'ai, à ma dernière visite, oublié mon parapluie ; fais-le mettre de côté, et recommande-le.

« Ton cousin,

« Charles Reynold. »

Le dragon fit marquer l'heure à laquelle il était arrivé ; car il faut que les affaires de l'État se fassent régulièrement, et ce n'est pas pour rien que l'on entretient en France une armée de quatre cent mille hommes; puis il remit son cheval au trot, et disparut.

— Voilà, en effet, dit Zoé, quand elle eut lu la lettre de son cousin, un amant bien agréable et tout à fait entraînant, que mon cher cousin Charles.

XX.

Le lendemain, Charles vint assez tard. Zoé, pour la première fois, s'en impatienta. — Qu'a donc Zoé aujourd'hui, demanda le père Reynold, qu'elle est toute distraite? — Voici, reprit la mère, trois jours que Charles ne vient pas.

Zoé entendit ses parents, et fut très contrariée de l'interprétation qu'ils faisaient de son agitation.

Le père Reynold sortit; — la mère continua à faire du filet. Charles entra.

—Bonjour, ma tante.

—Bonjour, mon neveu; — as-tu rencontré ton oncle?

—Oui, ma tante, je venais en flânant, et il m'a dit de venir plus vite, que l'on avait à me parler.

—C'est, sans doute, ta cousine.

—Qu'est-ce que tu me veux, Zoé?

Zoé lui fit signe de se taire, — puis elle lui fit des questions sur la santé de sa mère et sur une foule de parents dont elle n'avait pas coutume de se soucier, et dont l'existence importait fort peu à Charles.

CHARLES.

Mais, Zoé, quelle tendresse prends-tu donc tout à coup pour cette partie ignorée de notre famille?

ZOÉ.

Ma mère dort, — maintenant causons. — Je t'ai écrit de venir; où est ma lettre?

CHARLES.

Ma foi, je ne sais pas; — peut-être dans mon portefeuille.

ZOÉ.

Bien, ne cherche pas, c'est inutile.

CHARLES.

Que me veux-tu?

ZOÉ.

J'ai à te parler d'une chose de la plus grande importance, d'une chose qui peut faire à tous deux notre malheur ou notre félicité.

CHARLES.

Oh!

ZOÉ.

Nous devons nous marier.

CHARLES.

Oui, après?

ZOÉ.

Nous aimons-nous?

CHARLES.

Mais... oui, nous nous aimons. — Est-ce que tu ne m'aimes-pas, toi?

ZOÉ.

Si, mon cousin.

CHARLES.

Eh bien! je t'aime aussi, ma cousine.

ZOÉ.

Ce n'est pas là ce que je veux dire.

CHARLES.

Alors je ne comprends pas.

ZOÉ.

Tu en es bien capable.

CHARLES.

Cela veux dire que je suis un butor? Merci, ma chère cousine.

ZOÉ.

Parlons sérieusement.

CHARLES.

Je t'écoute.

ZOÉ.

Eh bien...... c'est assez difficile à dire........ écoute bien. Crois-tu m'aimer d'amour? Je réponds moi-même : Non, tu ne m'aimes pas d'amour.

CHARLES.

Ah!

ZOÉ.

Tu as eu quelque chose de plus pressé que de venir me voir hier.

CHARLES.

Je le crois bien, une partie charmante.

ZOÉ.

Quand on est amoureux il n'y a rien de charmant.

CHARLES.

Excepté la personne...

ZOÉ.

Oui, tu as reçu une lettre de moi, sans

trouble, sans émotion; tu ne l'as pas couverte de baisers. Tu ne l'as pas relue cent fois, tu ne l'as pas mise la nuit sous ton oreiller; le matin, tu ne t'es pas réveillé tout joyeux. Au lieu de l'enfermer comme un avare son trésor, tu ne sais pas où elle est.

CHARLES.

Mais...

ZOÉ.

Laisse-moi continuer.... Tu viens près de moi *en flânant,* ta barbe n'est pas fraîchement faite, tes gants sont fanés; tu as, en me parlant, précisément le même son de voix qu'en |parlant à ma mère.

CHARLES.

Oh ça...

ZOÉ.

Tais-toi.... Tu n'as, en m'abordant, ni émotion ni embarras... tu ne m'aimes pas, tu n'es pas amoureux de moi; c'est évident. Ne m'interromps pas; ce que je dis là n'est pas très facile à dire, si tu m'interromps, il me sera impossible de continuer. Je ne t'aime pas non plus.

CHARLES.

Eh !...

ZOÉ.

Tout à l'heure nous nous sommes baissés pour ramasser mon mouchoir, nos cheveux se sont touchés et nous n'avons frémi ni l'un ni l'autre; je t'attendais, et je n'ai pas plus mis de soin à ma coiffure qu'hier que je ne t'attendais pas; le bruit de tes pas, dans l'escalier, ne me fait nullement battre le cœur; je ne reconnais pas ton coup de sonnette. Quand tu n'es pas là, si on vient à parler de toi, je ne me sens pas rougir et je me mêle sans aucun embarras à la conversation; si on dit du mal de toi, j'ose te défendre; si on en dit du bien, ce qui, je dois te l'avouer...

CHARLES.

N'arrive pas souvent?

11.

ZOÉ.

C'est toi qui l'as dit. Eh bien, mon cher cousin?...

CHARLES.

Eh bien, ma chère cousine?...

ZOÉ.

Nous ne nous aimons pas.

CHARLES.

Je suis tout étourdi de ta science. Où diable l'as-tu puisée?

ZOÉ.

Dans des livres, l'histoire du cœur.

CHARLES.

Si tu t'en rapportes à tes livres, il est clair que nous ne nous aimons pas.

ZOÉ.

Je suis enchantée de te voir partager ma conviction à ce sujet. Cependant, on veut nous marier.

CHARLES.

Certainement.

ZOÉ.

Nous ne pouvons nous marier sans amour.

CHARLES.

Tu crois?

ZOÉ.

Sans ces transports, sans ces ravissements, ces enivrements...

CHARLES.

Cousine, tu m'intimides.

ZOÉ.

Réponds-moi, es-tu de mon avis?

CHARLES.

A te parler franchement, quoique j'aie eu sous ce rapport une éducation plus négligée que la tienne, j'y avais déjà pensé.

ZOÉ.

Aimes-tu quelqu'un?

CHARLES.

Non, et toi?

ZOÉ.

Ni moi. Mais nous ne pouvons nous marier ensemble.

CHARLES.

Le mariage sans amour, c'est le jour sans l'aurore.

ZOÉ.

Où as-tu lu cela?

CHARLES.

Nulle part, j'improvise.

ZOÉ.

Il faut résister à la tyrannie de nos parents.

CHARLES.

Es-tu bien sûre qu'ils nous tyrannisent?

ZOÉ.

N'est-ce pas de toutes les tyrannies la plus cruelle et la plus odieuse que celle qui porte des parents insensés à contraindre de s'unir deux cœurs qui ne sont pas faits l'un pour l'autre. — A condamner leurs enfants au malheur et au désespoir.

CHARLES.

Cousine, je te demanderai à mon tour où tu as lu cela ; à coup sûr, c'est dans un mauvais livre.

ZOÉ.

Cesse de plaisanter ; il faut déjouer leurs projets.

CHARLES.

Mais, Zoé, je ne m'aperçois pas qu'on nous entraîne à l'autel.

ZOÉ.

Faisons-nous un serment.

CHARLES.

Un serment d'amour ?

ZOÉ.

Charles, tu es fou.

CHARLES.

Sérieusement, je suis un peu de ton avis sur notre mariage ; cela n'aurait pas le sens commun.

ZOÉ.

Il faut faire part à nos parents de notre résolution.

CHARLES.

Pourquoi faire?—Attends que l'on nous parle du mariage.

ZOÉ.

Tu me promets donc de me refuser?

CHARLES.

Tu jures de repousser ma main?

ZOÉ.

Je le jure.

CHARLES.

Moi, je t'en donne ma parole d'honneur.

ZOÉ.

Mon cher Charles, je suis ton amie pour toujours.

CHARLES.

Ma chère Zoé, tu es une fille adorable.

XXI.

Charles alla voir Robert Dimeux.

Robert était bien placé dans le monde, et Charles ressentait quelque orgueil d'être avec lui sur un certain pied d'intimité, intimité qu'il exagérait du reste beaucoup, lorsqu'il parlait de Dimeux absent, ou quand il y avait des spectateurs.

Robert aimait Charles, parce que sous un réseau de petits ridicules il distinguait parfaitement un cœur bon et honnête ; il savait que le *jeune homme* se parait de certains vices qu'il n'avait pas, comme il mettait le gilet et la cravatte à la mode. Robert était si indifférent que l'indulgence lui était facile, indulgence semblable à celle qu'aurait un homme auquel vous donnez un coup de pied dans la jambe, si sa jambe est de bois.

Robert connaissait les jeunes gens ; il savait que l'on ne se résigne à être soi qu'après avoir pris et arraché successivement une demi-douzaine de masques ; il savait qu'un jeune homme...

XXII.

Me voici désagréablement arrêté par un mot. Ma plume vient de harponner dans l'encrier une pensée pleine de finesse, d'observation et de vérité, et je ne puis l'exprimer.

Je ne puis l'exprimer, parce que j'ai besoin pour cela d'un mot choquant.

Puisque je ne la dirai pas, je puis bien au moins la regretter et dire que c'était la plus belle, la plus neuve, la plus grande, la plus noble, la plus inouïe des pensées.

Que c'était... allons toujours, je ne risque rien, personne ne pourra me démentir, puisque je vais rejeter la pensée dans l'encrier,—

Faute d'un mot,

Ou plutôt par la faute d'un mot.

C'était une pensée d'une délicatesse, d'une...

Mais l'éloge que j'en fais m'exalte moi-même, et je vais la risquer. Il convient donc de prendre des allures plus modestes et de dire simplement que c'est un aperçu à la portée de tout le monde, que cent mille personnes ont trouvé avant moi, que ce n'est presque rien, que ce n'est même absolument rien.

Alors je n'ai presque plus envie de la dire; eh puis, il y a ce mot, ce maudit mot...

Ma foi, les personnes qui ne voudront pas le lire passeront le chapitre suivant.

XXIII.

Dimeux savait bien qu'il faut qu'un jeune homme jette — ses gourmes.

Dont voici quelques-unes.

Faire un poëme épique en *seconde*.

Porter à des souliers lacés, dissimulés par des sous-pieds très tirés, des éperons si longs qu'on devrait, pour la sûreté des passants, y attacher de petites lanternes et crier : gare !

Conduire soi-même un cabriolet de louage et faire monter le cocher derrière.

S'écrire à soi-même des lettres de *comtesses* que l'on s'envoie par la poste.

Avoir pour ami un acteur de mélodrame que l'on tutoie.

Mettre un œillet rouge à sa boutonnière pour simuler à vingt pas la croix d'honneur.

Faire partie d'un club ou d'une société secrète, ou se cacher quoiqu'on ne soit pas cherché — et dire : le gouvernement veut en finir avec moi.

Parler de créanciers et de dettes que l'on n'a pas.

Plaisanter beaucoup sur les femmes, sur l'amour, etc., tandis que le moindre geste de la femme de chambre de la maison vous fait pâlir ou devenir rouge, et que le son de sa voix vous fait frissonner.

Appeler, en parlant d'eux, tous les hommes remarquables de l'époque par leur nom sans y joindre le *monsieur*.

Se dire désillusionné quand on n'a encore rien vu de la vie.

Parler avec dédain de l'amour, de l'amitié, de la vertu, à cette riche époque de l'existence où le cœur, gonflé de bienveillance et d'exaltation, laisse déborder toutes les tendresses et tous les beaux sentiments.

Prétendre fumer avec le plus grand plaisir des cigarres violents qui vous font vomir, dans une allée détournée de jardin, jusqu'aux clous de vos bottes.

Parler avec un enthousiasme grotesque des choses à la mode que l'on ne sent pas, et cacher avec soin les beaux et vertueux enthousiasmes de la jeunesse.

Voler dans les maisons des cartes de personnages que l'on n'a jamais vus et les accrocher à sa propre glace, pour donner à son portier, à sa femme de ménage et à ses amis, une haute opinion de ses relations.

Parler tout haut avec un ami que l'on rencontre au théâtre ou à la promenade, et ne rien lui dire qui puisse l'intéresser, toute la conversation n'ayant d'autre but que d'être entendue des promeneurs et des spectateurs auxquels on veut *faire de l'effet*.

Porter un lorgnon avec des yeux excellents.

Appeler ses parents *ganaches* — quand, le matin, trouvant un vêtement de sa mère tombé sur un tapis on l'a baisé en le ramassant précieusement. Etc., etc., etc.

Toutes choses dont les gens les plus sensés, les plus spirituels, les meilleurs, trouveront quelques-unes dans leurs souvenirs.

Ah! mon Dieu, voici le chapitre fait, et j'aurais pu dire...

« Il faut que le jeune homme jette son écume comme un vin généreux qui fermente, — ses scories comme un métal en fusion. »

Peut-être *l'autre mot* exprime-t-il mieux ce que je voulais dire. Du moins, me servirai-je de ce prétexte pour ne pas recommencer ce chapitre.

XXIV.

Charles entra bruyamment, Robert Dimeux avait près de lui deux hommes de ses amis qui fumaient et buvaient de quelques flacons de liqueur, placés sur la table, tandis que Robert déjeunait. Charles, voulez-vous fumer, lui demanda Robert?

CHARLES.

Certainement.

ROBERT.

Voici des cigarettes ou des pipes avec du tabac turc, doux comme du miel.

CHARLES.

Non, donnez-moi le *brûle-gueule culotté* et du tabac plus fort que cela, sacredieu, du *caporal*.

ROBERT.

Que devenez-vous donc, Charles, que je ne vous vois plus?

CHARLES.

Que voulez-vous, *mon cher*, le tourbillon de Paris vous entraîne, — les soirées, les concerts, les spectacles, les femmes.

ROBERT.

Vous ne parlez pas de votre bureau.

(Charles, qui était à son bureau un modèle d'assiduité, se sentit, à cette allusion à ses vertus privées, devenir rouge jusqu'aux oreilles.)

CHARLES.

Mon bureau, mon bureau, ce n'est pas là ce qui me prend du temps, j'y vais, pour ne pas faire trop rabâcher mon père. — Quand j'ai le temps, trois ou quatre fois par mois.

ROBERT.

Mais, c'est une place fort commode. Et l'on vous donne pour cela ?

CHARLES, *qui ne reçoit au ministère que 1,200 francs.*

Oh! une misère, une bagatelle, que je lâcherai aussitôt que mon bonhomme de père aura passé à l'état d'ancêtre, — un millier d'écus.

ROBERT.

Prenez-vous des liqueurs? — Voici de l'anisette, du curaçao.

CHARLES.

De l'anisette, du curaçao, — c'est écœurant; donnez-moi du dur, du rack ou du wiski, — sacredieu, — du coupe-figure, — du casse-gueule, — du tord-boyaux.

Les deux amis de Dimeux s'en allèrent, — Charles et Robert restèrent seuls. Charles but son verre de wiski d'un seul coup, et se détourna pour cacher à Robert qu'une partie lui en ressortait par les yeux en larmes d'angoisse. Robert s'était, comme cela lui arrivait quelquefois, donné à lui-même une petite représentation des ridicules du jeune homme. Quand ils ne furent qu'eux d'eux, il pensa que l'absence des spectateurs rendrait moins odieux à Charles d'être lui-même, et lui donnerait moins de honte de paraître un bon et excellent jeune homme. — Il cessa donc de provoquer ses sorties, et prit la conversation sur un autre ton.

ROBERT.

Charles, il ne faut pas quitter votre place, même quand vous auriez le malheur de perdre votre excellent père. — Votre existence est parfaitement arrangée, vous n'avez qu'à vous laisser aller sans efforts au courant de la vie; d'ici à un an vous épouserez votre cousine Zoé, qui est une charmante fille, et vous aurez la plus heureuse vie du monde.

CHARLES.

Ma cousine Zoé, ah! oui, c'est encore une des billevesées de la famille. On voudrait me marier, me marier dans un an. Mettre déjà un terme à ma liberté et à mon heureuse vie de garçon, si pleine de fêtes et de plaisirs; et d'ailleurs, je n'aime pas Zoé.

ROBERT.

Vous êtes difficile.

CHARLES.

Un peu.

ROBERT.

Elle a une taille charmante.

CHARLES.

Elle est maigre.

ROBERT.

Dites svelte et élancée.

CHARLES.

Elle a les mains rouges.

ROBERT.

Je l'espère bien. — Et que dites-vous de ses yeux pleins de malice et d'esprit, de sa bouche dont les coins ont tant d'expression, — de son pied si étroit et si cambré.

CHARLES.

Mon cher, elle est prude et romanesque.

Allons, allons, pensa Dimeux, le jeune homme est décidé à poser tout le jour, il faut le laisser faire.

Alors, mon cher ami, vous refusez votre cousine.

CHARLES.

Oui, certes; d'ailleurs nous nous sommes expliqués ensemble; nous avons décidé que nous ne nous aimions pas, et nous sommes résolus à tout braver plutôt que de céder à l'odieuse tyrannie de nos parents, et je viens vous prier de me rendre un service.

ROBERT.

Je le ferai avec plaisir.

CHARLES.

Je veux aller dans le monde, présentez-moi dans quelques maisons.

ROBERT.

Volontiers. Vendredi, si vous voulez, je vous mènerai chez madame de Sommery.

CHARLES.

Je la connais; c'est mademoiselle Clotilde Belfast, c'est une amie de Zoé. A la bonne heure, voilà une charmante femme.

ROBERT.

Eh bien, vendredi, vous pourrez lui dire cela à elle-même.

Charles se sentit serrer le cœur à la seule idée de toute la résolution qu'il faudrait pour dire à une femme qu'il la trouvait charmante.

Néanmoins, il triompha de cette angoisse et dit d'un air avantageux :

Certainement.

ROBERT.

Mardi, chez madame Meunier.

CHARLES.

Autre amie de ma cousine.

ROBERT.

Enfin, si cela vous plaît, j'emploierai toute votre semaine.

CHARLES.

Merci, *mon cher*, à vendredi.

Et Charles sortit en fredonnant.

XXV.

Robert Dimèux reçut une lettre de Tony Vatinel ; elle portait le timbre de Londres.
— Ah ! dit Robert, ici mon malade sera distrait ; il a bien des choses à me dire *sur le berceau du gouvernement représentatif*, si haï des vaudevillistes.

Voici ce qu'écrivait Tony Vatinel :

XXVI.

Tony Vatinel à Robert Dimeux de Fousseron,

Londres.

Mon cher Robert,
Je me rappelle le premier jour que je la vis ;. — c'était à Trouville, à la marée basse. — On pêchait aux *équilles*. Les filles du pays, — les jambes nues et rouges, — avec un panier d'une main et un petit trident de l'autre, creusaient dans le sable fin et serré et jetaient

dehors les *équilles*, semblables à de petites anguilles grises. Elles avaient relevé jusqu'aux jarrets leurs robes de laine rayée. Je me promenais par là avec mon fusil et mon chien pour abattre quelques *mouettes*.

Le soleil se couchait, — les nuages à l'horizon étaient rouges et violets, — et le soleil lançait sur Trouville des rayons obliques, moins ardents déjà que dans la journée, mais empourprant tout ce qu'ils touchaient. — La mer commençait à monter, — et la *Touque* refluait vers sa source ; — mais comme elle descend d'une colline élevée, il se livre un combat entre le courant et le flot de la mer qui le rebrousse, et elle se répand sur les rives.

Il y eut un moment où les pêcheuses se trouvèrent sur une sorte d'île entre la *Touque* débordée et la mer qui montait. Il n'y avait là rien d'inquiétant pour les filles du pays, — qui en seraient quittes pour relever leurs jupes ; — mais mon attention fut attirée par les éclats de rire d'une *bourgeoise* que je n'avais pas d'abord remarquée au milieu d'elles. Je m'approchai, et les *filles* firent autour d'elle un cercle pour la cacher ; je reculai quelques pas. Bientôt le cercle se dérangea, et j'aperçus la plus ravissante créature que j'eusse jamais rêvée. — Rien dans son aspect ne pouvait faire supposer qu'elle fût de la même espèce que les femmes qui l'entouraient. — Elle était petite et svelte, de beaux cheveux blonds flottaient au vent, légers comme l'écume de la mer. — Son visage, éclairé par les rayons rouges du soleil, était doucement lumineux, comme on peint celui des anges ; — elle venait de se déchausser pour pouvoir franchir les flaques qui s'étaient répandues ; — mais sa robe était si peu relevée, malgré les conseils des filles qui l'accompagnaient, qu'on ne voyait que le commencement de sa jambe — et un pied petit à le cacher dans la main et blanc comme du lait, une cheville sèche et fine comme une arête. — Sa démarche était gracieuse et légère, et en la voyant ainsi sortir presque de la mer, avec ses cheveux blonds, je me rappelai ce que Virgile dit de Vénus, — et *vera incessu patuit dea*, — et Homère de Thétys, qu'il appelle *Arguropodos*, déesse aux pieds d'argent.

Tu ne saurais croire comme ce tableau est resté complet dans ma mémoire, et comme je n'ai rien oublié de ce qui se passait en ce moment, — même des choses qui n'avaient aucun intérêt et ne se rapportaient pas à la scène qui enchantait mes yeux. — Je n'ai, quand j'y pense, qu'à fermer les yeux pour tout voir dans les moindres détails.

Sa robe était d'un gris sombre.

Il y avait au ciel un grand nuage qui avait la forme d'un aigle avec une aile étendue. — Ce nuage noir devant le soleil donnait à l'aigle l'air de voler dans le feu, qui avait brûlé une de ses ailes.

Le vent soufflait du sud-ouest — et inclinait un petit arbre qui dépassait le toit de la première chaumière de Trouville.

Dans le sable jaune s'était ouvert un *phlox* aux fleurs d'un rose pâle,—quoique ce ne fût pas encore la saison, car nous n'étions qu'au mois de juin.

TONY VATINEL.

Ah!—pensa Robert,— voilà donc tout ce qu'il a vu en Angleterre! — J'envoie son corps là-bas, et son cœur et son esprit sont restés à Trouville.

XXVII.

Tony Vatinel à Robert Dimeux de Foüsseron.

Dublin (Irlande).

Je suis à Dublin.

Un jour que j'arrivais chez M. de Sommery, je fus, comme de coutume, obligé de m'arrêter à la porte, tant mon cœur battait fort, pour me remettre avant d'entrer. Il se répand autour de la femme que l'on aime un parfum céleste; ce n'est plus de l'air, c'est de l'amour qu'on respire.

M. et madame de Sommery tenaient, comme de coutume, les deux côtés de la cheminée, où le vent frais avait fait allumer du feu quoiqu'on fût au mois de mai. *Elle* était près de madame de Sommery; Arthur près d'elle; près d'Arthur, une femme en visite. Le seul siége vacant se trouvait entre cette femme et madame Meunier qui, avec l'abbé Vorlèze, finissait le demi-cercle jusqu'à M. de Sommery. Je m'assis d'assez mauvaise humeur, entre ces deux femmes, qui toutes deux cependant sont assez jolies. Mais, depuis le premier jour où je *l'*avais vue, toute mon organisation était changée. Je n'éprouvais plus de ces désirs sans but, de cet instinct qui entraîne un jeune homme vers *la femme;* elle remplaçait pour moi toutes les femmes, et toutes les femmes n'auraient pu la remplacer un moment; elle seule me semblait belle; elle seule me semblait femme, ou plutôt elle était plus qu'une femme, et les autres étaient moins. Un baiser, dans mon ardente imagination, ce n'était plus mes lèvres jointes aux lèvres d'une femme; mais ma bouche sur la sienne. Je ne voyais plus qu'elle, tout ce qui n'était pas elle, n'existait pas ou me gênait. Je trouvais trop peu de toute ma vie, employée à l'aimer, et je ne voulais pas qu'on m'en vînt dérober rien.

Dans mon chagrin de n'être pas près d'*elle*, je tâchais au moins de ne pas me mêler à la conversation, pour être tout à mon amour. Je la regardais; j'aurais voulu avoir mille ans à vivre; chacun de ses cheveux eût rempli une année de ma vie. — Je n'ai d'elle qu'une fleur sèche, et quand je m'enferme le soir, je passe quelquefois la nuit entière à la regarder. — Cette fleur était une branche de genêt, cueillie dans les petits bois qui dominent Trouville; un jour, je m'y suis promené avec elle, dans de petites allées où il y avait de la mousse. — Il n'y avait rien de joli comme ses petits pieds sur ce velours vert de la mousse. — Mais qu'est-ce que je disais, et où en étais-je? Ah!...

Elle se leva, et s'approchant de la femme qui était en visite, elle lui soutint qu'elle avait froid et la força de prendre sa place près de madame de Sommery et conséquemment plus près du feu. Naturellement elle prit la place vide qui se trouvait auprès de moi.

Tony Vatinel.

XXVIII.

Tony Vatinel à Robert Dimeux de Fousseron.

New-Yorck.

Je suis arrivé hier à New-Yorck.

J'arrivai un jour chez M. de Sommery, dans la journée. Tout le monde était à la promenade ; elle était seule, je me sentis fort troublé.

C'est singulier, mon cher Robert, je me suis battu une fois, étant étudiant, avec un maître d'armes qui m'a donné un coup d'épée. J'ai, une autre fois, été emporté par un cheval fougeux qui s'est brisé la tête contre une muraille.

J'ai lutté contre la mer en furie.

Je n'ai jamais rien rencontré dans toute ma vie qui m'ait inspiré autant de terreur, que le froncement du sourcil étroit de cette femme, si petite et si frêle, que je n'oserais la toucher dans la crainte de la briser.

Après les premiers compliments d'usage, nous restâmes sans rien dire; mes rêveries m'emportaient au ciel, et je n'osais ouvrir la bouche; je sentais mon cœur si plein d'amour que, quoi que j'eusse voulu dire, je craignais de prononcer, malgré moi, je vous aime.

Cependant, je voulus savoir si son silence avait la même cause que le mien; et brusquement je lui parlai d'une chose indifférente, des nombreuses fleurs qui couvraient les ajoncs des falaises d'étoiles d'or, et qui, s'il faut en croire les dictons du pays, promettaient à nos marins une bonne pêche.

Certes, si on m'eût forcé de répondre à une chose aussi éloignée de ce que je pensais un instant auparavant, j'eusse eu l'air le plus étonné et le plus étourdi du monde. Elle me répondit simplement, qu'elle en serait enchantée. Il est vrai que, entre deux personnes qui s'aiment, *bonjour,* peut vouloir dire : « je vous aime et mon âme est à vous ; » mais sa voix ne disait rien de plus que ses paroles.

Je partis désespéré.

Tony Vatinel.

XXIX.

Robert Dimeux de Fousseron à Tony Vatinel.

Paris,

Je ne m'aperçois pas, mon cher Vatinel, que les voyages t'apportent de grandes distractions, et tu me sembles précisément un peu plus amoureux qu'avant ton départ, que j'avais considéré comme un moyen de guérison invincible. Il y a, mon bon ami, des ânes parmi les médecins du cœur comme parmi les autres, et je me déclare digne d'être reçu *in eorum docto corpore.*

Comment n'avais-je pas vu tout d'abord de quelle nature était ta passion? Aujourd'hui, je ressemble à un médecin qui fait l'autopsie de son mort, et qui explique parfaitement comment il aurait fallu le soigner.

Ton amour est tout en toi ; — tu es comme ces boîtes à musique qui jouent les airs qu'elles contiennent aussitôt qu'elles sont montées, — n'importe par quelle main. Tu aimes Clotilde comme tu aurais aimé toute autre femme, sans que la différence qui aurait existé entre cette autre femme et elle, eût amené la moindre différence dans ton amour. Tout ce qu'il y a en toi de bon, de grand, de généreux, tu l'en as revêtue, — comme une femme italienne revêt sa madone de ses plus beaux colliers, — et dans ce culte que tu as maintenant pour elle, c'est ton amour que tu aimes et que tu adores ; —

ton amour sans lequel Clotilde, sans être une femme vulgaire, serait une femme dont les défauts et même les qualités t'inspireraient de l'éloignement.

J'ai donc agi maladroitement pour ta guérison en t'éloignant d'elle. — Quand tu ne la vois pas, tu te la figures comme tu l'aimes et comme tu veux qu'elle soit. La Clotilde que tu aimes n'est pas ici à Paris, tu l'as emportée dans ton cœur.

Mais si tu étais ici, si tu la voyais comme je la vois, il y aurait de temps en temps des moments où tu t'apercevrais de quelques légères différences entre elle et l'objet de ton amour.

Dans l'éloignement, ton mal est incurable, et, je le répète, je suis un âne de ne pas l'avoir deviné. Ah! si tu aimais une femme vivante, une femme réelle, il pourrait arriver que tu voulusses la comparer à une autre et que la comparaison ne fut pas à son avantage.

Aujourd'hui, tu verrais une femme dont les cheveux seraient plus fins, demain, une autre qui aurait le pied plus petit.—Mais tu es amoureux d'une femme que tu as inventée, et, quand on invente une femme, on aurait bien tort de lui laisser craindre la comparaison avec une autre : tu lui donnes libéralement les cheveux *les plus fins du monde*, le pied *le plus petit qu'on puisse voir*.

Arrivez avec des cheveux invisibles, et presque pas de pieds, vous ne pouvez l'emporter sur la divinité sortie toute armée du cerveau de l'amoureux. Les cheveux les plus fins du monde, — cela veut dire encore plus fins que les vôtres; — cela même tourne à son avantage. On n'avait pas imaginé de cheveux aussi fins que les vôtres, mais puisque les voilà, les cheveux les plus fins du monde sont obligés de l'être encore plus que cela.

Les rois persans ne se montraient jamais. A peine a-t-on vu les rois que, par des transitions successives, on les a guillotinés.

Le seul peuple qui soit resté religieux est le peuple turc, chez lequel il n'est pas permis même de représenter Dieu par la pierre ou la toile. — Dieu a, dit-on, fait l'homme à son image. Cela n'a été inventé que pour donner une apparence de justice, de représailles et de talion, à l'insolence qu'ont eue les hommes de peindre Dieu à leur ressemblance.

Je n'ai cependant pas renoncé à te guérir, mon cher Vatinel, mais je vais employer un autre moyen; tu verras Clotilde, tu lui parleras de ton amour, tu seras son amant, et alors tu seras sauvé, alors tu ne l'aimeras plus.

Viens, viens, j'ai consenti à me priver de mon ami, parce que j'espérais le guérir; — viens ici, si tu ne guéris pas, au moins tu auras le sein d'un ami pour reposer ta pauvre tête malade.

Robert Dimeux.

XXX.

Madame Clotilde de Sommery demeurait à la place Royale, dans un de ces vastes appartements, aux plafonds élevés, que l'on ne trouve plus guère que là, si j'en excepte pourtant mon atelier. —Il n'y avait rien de féminin dans l'arrangement de son salon.—Autour du plafond régnait une corniche dorée sur une boiserie blanche; de grandes draperies de damas rouge couvraient les fenêtres et les portes; un lustre pendait d'une rosace dorée; les fauteuils, dans le style de Louis XV, étaient dorés et de l'étoffe des rideaux et des portières; de grandes glaces, placées sur des consoles dorées, s'élevaient jusqu'au plafond. Tout cela avait une grande harmonie et une élégance sérieuse. Madame de Sommery faisait les honneurs de son salon avec beaucoup d'aisance et de tact.

A voir cette femme si frêle, si petite, on était sans cesse étonné de sa conversation sérieuse; son visage était grave et son sourire extrêmement rare, ce qui le rendait d'autant plus charmant, semblable à ces rayons du soleil qui percent un moment un ciel orageux d'un long faisceau de lumière.

Elle aimait à parler de la politique du moment, et prévoyait les choses avec une sagacité et un instinct merveilleux. Elle ne négligeait aucun moyen de mettre son mari en évidence, et savait l'obliger à une foule de démarches dont seul il n'aurait pas eu seulement l'idée.

Elle voulait qu'Arthur fût député, et elle avait déjà choisi ses amis politiques et fixé la place qu'il occuperait sur les bancs de la chambre. Elle lui faisait à son insu une considération qui devait le précéder. Plusieurs personnages influents venaient chez elle avec plaisir. Ils lui faisaient bien un peu la cour, mais elle avait un art merveilleux pour les payer d'espérances vagues sans les décourager. Non que Clotilde fut gouvernée par des principes bien sévères, ou gardée par de l'amour pour son mari ; — mais tous ces hommes qui l'entouraient étaient pour elle des *moyens*, et elle pensait prudent de compter sur leurs désirs, plus que sur leur reconnaissance. La résistance d'ailleurs lui était facile. Tony Vatinel avait épuisé pour longtemps tout le pur

14.

amour qui pouvait se trouver dans son cœur.
Elle recevait tous les soirs à peu près, — mais
c'étaient des soirées intimes — où il n'y avait
que des hommes. Elle permettait que l'on vînt
en bottes et crotté ; — elle exigeait ces soirs-là
qu'on ne la traitât pas en femme. — Le ton
était alors sérieux et familier. Arthur allait
dans le monde et n'y était presque jamais.
Quand par hasard il restait, Clotilde était silencieuse et ne se mêlait nullement à la conversation. Autrement, elle était assise ou plutôt
à demi couchée dans un immense fauteuil de
velours bleu foncé, dans lequel elle avait l'air
d'une charmante petite chatte, — dont elle avait
la grâce, les manières et la séduction. Et elle
prenait part aux discussions les plus ardues —
sur la politique et la philosophie — avec une
hardiesse et une indépendance d'idées extra-
ordinaires.

Le vendredi, elle recevait des femmes, et elle
redevenait femme. — D'ailleurs Arthur était

là, et elle lui cachait avec un soin et une adresse infinis toute la force et toute la supériorité de son esprit; elle ne voulait pas qu'il s'aperçût de l'influence qu'elle exerçait déjà, et qu'elle voulait pousser au plus haut degré sur lui et sur ses actions. Le moyen le plus sûr de ne pas l'inquiéter était d'afficher une grande futilité, et il était singulier de l'entendre causer toute une soirée, — parler de toilettes, de modes, de bals, de concerts, et avoir l'air de prendre le plus grand plaisir à cette conversation, quand la veille et le lendemain on l'avait entendue disserter assez raisonnablement des intérêts les plus graves avec des hommes considérables.

Il y avait chez Arthur bien plus de la femme que chez Clotilde. Il s'occupait le plus sérieusement du monde de cravates et de gilets, — et il passait une heure avec le coiffeur à discuter s'il convenait de faire tomber les cheveux à gauche ou à droite. Malgré cela, ou à cause de cela, il affectait de grandes prétentions à la gravité; il considérait sa femme comme une enfant, et il lui reprochait souvent son excessive futilité.

Alida Meunier, la sœur d'Arthur, avait en vain tenté à plusieurs reprises de détruire l'influence de Clotilde; enfin elle avait pensé que le moyen le plus sûr était de le rendre amoureux d'une autre femme, — et elle ne négligeait rien pour y parvenir; elle lui faisait remarquer les grâces et la beauté de celle-ci, — les talents et l'originalité de celle-là. Une autre, Alida en était sûre, cachait au fond de son cœur un tendre sentiment pour Arthur, etc.

Mais rien de tout ce manége n'échappait à Clotilde, et elle savait regagner en une journée, le peu qu'Alida avait mis un mois à lui faire perdre.

Robert avait eu dans sa jeunesse une grande passion, — dont nous avons parlé, — pour Alida qui s'était à peu près moquée de lui; plus tard, il l'avait rencontrée dans le monde, — et, comme on réussit mieux avec l'amour que l'on parle qu'avec l'amour que l'on a, — il avait été son amant. Il n'avait jamais fait la cour à Clotilde. Chacune prenait cela pour une préférence. Alida croyait avoir été trouvée plus belle que Clotilde. — Clotilde, à la manière dont Robert avait quitté Alida, pensait que Robert n'eût pas osé lui offrir un amour aussi futile, — le seul qui pût trouver place dans son cœur. Toutes deux le redoutaient à cause de sa moquerie et de son indifférence presque générale qui le rendait tout à fait invulnérable.

XXXI.

Alida Meunier, lorsque Robert Dimeux avait recommencé à s'occuper d'elle, l'avait traité comme le premier venu. — Elle avait fait avec lui tout ce petit manége de coquetterie que les femmes varient si peu. Robert s'était soumis à toutes ses exigences, à tous ses caprices, et sa soumission avait fort encouragé sa belle inhumaine, qui avait mis sa patience à l'épreuve des plus cruelles férocités féminines. Jamais peut-être il n'y eut d'amoureux aussi maltraité que Robert, et Robert attendait sans se plaindre; mais, chaque soir, en rentrant chez lui, il écrivait une ou deux lignes sur un petit cahier richement relié.

Enfin sa constance fut couronnée. L'heureux Robert envoya le lendemain matin le petit cahier relié. — Voilà ce qu'il contenait.

Compte de madame ALIDA MEUNIER, *née de Sommery.*

7 *février.* Avoir pris, pendant que je lui parlais, un air distrait et impertinent.

8. Avoir chanté avec monsieur M***, et m'avoir fait de ce ridicule personnage un éloge emphatique.

9. Avoir jeté négligemment sur la cheminée un bouquet que je lui avais envoyé et avoir mis dans l'eau celui du même M***†.

10. M'avoir obligé à débiter des fadeurs et des lieux communs.

11. *Idem*.

12. *Idem*.

13. *Idem*.

14. M'avoir fait jouer à l'écarté avec son imbécile de mari.

15. S'être fait accompagner par moi dans des magasins de modes et de nouveautés.

16. M'avoir forcé d'écrire une lettre de quatre pages — extrêmement bête.

17. Avoir montré ma lettre à madame Clotilde de Sommery.

18. M'avoir accordé une sorte de rendez-vous aux Tuileries, et n'y être pas venue.

19. Avoir pris vis-à-vis de moi des prétextes qui ne pouvaient être admis que par un homme sur la sottise duquel on croyait pouvoir compter.

20. M'avoir fait faire des phrases ridicules.

21. *Idem.*

22. M'avoir montré, en plein salon, comme amoureux rebuté.

23. M'avoir parlé de sa vertu, de ses devoirs, comme on en pourrait parler à M***.

24. M'avoir dit avec un air de vertueuse indignation : — Est-ce que vous avez espéré, monsieur, que je serais votre maîtresse.

N. B. J'ai parfaitement tenu mon sérieux, et j'ai protesté de mon respect et de ma timidité.

25. M'avoir, dans sa loge à l'Opéra, reçu avec un petit air tout à fait dédaigneux devant plusieurs personnes, ce qui m'a un moment embarrassé.

N. B. On ne peut s'empêcher de désirer un peu la mort de quelqu'un qui vous embarrasse.

26. M'avoir, à dîner chez elle, placé assez mal à table.

27. Avoir refusé de répondre à mes lettres.

28. *Idem.*

29. Avoir enfin répondu, mais une lettre pleine de restrictions comme si j'étais un malhonnête homme capable de la montrer, procédé tout à fait méprisable. Pourquoi, en effet, cette femme accepte-t-elle ma cour, si elle me croit ainsi fait?

1er *mars*. M'avoir accordé un rendez-vous et n'y être pas venue.

2 *mars, idem.*

3 *mars.* M'avoir fait prendre 10 billets de 20 francs pour une loterie au profit des pauvres, qui, par ce moyen, doivent l'être moins que moi.

4. Avoir exigé de moi une toilette ridicule.

5. M'avoir fait couper mes moustaches.

6. M'avoir fait entendre M. Kalkbrenner, pianiste.

7. M'avoir fait dîner à onze heures.

8. M'avoir forcé de dire que madame *** est laide, ce que je ne pense pas du tout.

9. M'avoir rendu maussade, désagréable et malveillant pour mes amis.

10. Continuation.

11. Continuation.

Item, report d'autre part.

Avoir empli trois de mes plus belles années de chagrins, d'angoisses, de désespoir.

Etc., etc., etc.

Ce *journal* se continuait jour par jour pendant quatre mois, — et se terminait par ceci :

« Voici, madame, ce que m'a coûté le bonheur dont vous avez bien voulu me combler hier. Je crois de bon goût de vous dire que je ne pense pas l'avoir payé trop cher. — Profiter plus longtemps de vos bonnes dispositions à mon égard ; accepter de vous de nouvelles preuves de votre bonté, — ce serait me conduire en usurier qui prête à un taux exorbitant, ou en créancier qui ne se croit pas suffisamment payé; ce serait, dans ce dernier cas, ne pas mettre à un assez haut prix les faveurs que j'ai obtenues;—je suis au contraire vraiment honteux d'avoir si peu donné en échange d'une pareille félicité, et je n'accepterai rien au-delà.

« Pour acquit,

« Robert Dimeux de Fousseron. »

Alida indignée avait d'abord roulé dans sa tête des projets de vengeance auxquels avait cédé une habituelle malveillance dans la conversation; mais elle n'avait pas tardé à s'apercevoir que quand Robert était présent, elle n'était pas assez forte pour lutter contre lui,— et que, lorsqu'il était absent, ses attaques témoignaient un intérêt tout à fait compromettant.

Robert, du reste, semblait avoir oublié le passé; il était plein de prévenance et de galanterie pour Alida, qui finit par n'y plus penser.

XXXII.

Un vendredi chez madame de Sommery.

Robert présenta Charles Reynold, auquel on ne fit pas la moindre attention, tant il était exactement pareil à une trentaine d'autres jeunes gens, entre lesquels on n'établissait aucune distinction et que l'on désignait sous le nom générique de « danseurs. »

Alida arriva tard, et son entrée produisit

une sorte d'effet dans le salon. Elle était très parée et mise fort à son avantage. — Sa robe montrait beaucoup ses épaules qui étaient assez belles, et cachait ses pieds qui étaient médiocres. Elle attira surtout l'attention d'un personnage avec lequel causait Clotilde, à un tel point que Clotilde s'en impatienta. Elle se leva, alla au-devant de madame Meunier, et la fit asseoir auprès du feu, lui soutenant qu'elle devait avoir froid aux pieds, à cause de ce « terrible escalier de pierre. » Alida avait, en effet, les pieds glacés, et tout lui donnait à craindre que cela lui rougît le nez; mais elle se tenait en garde contre Clotilde, et ses pieds restèrent cachés sous sa longue robe. Clotilde alors prit un tabouret, et invita madame Meunier à mettre ses pieds dessus, tout en ayant soin de placer le tabouret à une assez grande distance. Alida tint bon, et remercia avec un sourire de reconnaissance pour les touchantes attentions de sa belle-sœur.

A cette époque on valsait peu, et dans beaucoup de maisons on ne valsait pas du tout. Clotilde fit jouer une valse; on vint inviter Alida, qui refusa. L'homme qui l'invitait était assez de sa connaissance pour pouvoir insister. — Alida répondit qu'elle ne savait pas valser. —Ah!... dit Clotilde, vous valsez à ravir. — Il fallut alors qu'Alida supposât un violent mal de tête. — J'en était sûre, dit Clotilde, vous avez eu froid aux pieds; — chauffez donc vos pauvres pieds. Alida dansa, mais en marchant et les pieds sous sa jupe.

Il y avait à la mode une romance dont l'air était tellement joli, que tout le monde y produisait de l'effet. Alida l'avait chanté cet hiver-là deux ou trois fois avec succès; il était parfaitement dans sa voix. Madame de Sommery alla *supplier* Zoé de chanter *quelque chose*. —Tiens, dit-elle, chante-nous cet air que tu chantes si bien; — et elle désigna l'air d'Alida. Zoé se fit prier juste ce qu'il fallait, et chanta.

LE MORT AMOUREUX.

Je ne sens plus la pierre
Peser sur mon corps froid ;
Une voix douce et fière
Me dit : réveille toi !
Les cieux ouverts révèlent
Leurs splendeurs à mes yeux ;
Et les anges m'appellent
Pour devenir l'un d'eux.

Son amour, sur la terre,
Me fut si précieux,
Que mon âme n'espère
Rien de plus dans les cieux.
Secourez-moi, mon père,
En ce nouveau péril ;
Tant qu'*elle* est sur la terre,
Le ciel est un exil.

Ah! donnez-moi, près d'elle,
Mon Dieu, mon paradis.
Que mon âme se mêle
Aux songes de ses nuits !
A la fleur qui lui donne
Ses enivrants parfums,

Au zéphir qui frissonne
Dans ses beaux cheveux bruns.

La vie est une épreuve,
Bien pleine de combats,
Pour la pauvre âme veuve
Que j'ai laissée en bas.
Mon Dieu! je vous en prie,
En ce séjour mortel,
Ajoutez à sa vie
Tout mon bonheur du ciel.

Alida se mordit les lèvres de dépit, et fut obligée de joindre ses éloges à ceux du reste de la société. Mais quand on la pria à son tour, elle se dit enrhumée.

Zoé avait sinon bien chanté, du moins chanté avec une voix fraîche et bien timbrée; elle avait surtout certaines cordes graves qui dans une voix de femme causent une impression poignante. Elle n'était pas encore faite à cette habitude de chanter en public, que prennent tant de femmes du monde à un degré qui intimiderait des actrices. Elle rougissait et ses yeux brillaient d'un éclat tout prêt à devenir une larme.

Robert s'approcha d'elle, lui fit des compliments, et l'invita à danser.

Zoé fut touchée de l'attention de Robert. Toute charmante fille qu'elle était, elle jouait dans le monde un rôle très accessoire. Elle n'était pas assez riche pour que les hommes à vues sérieuses s'occupassent d'elle, et les *jeunes gens* appartiennent aux femmes de trente ans.

Charles, cependant, avait dansé avec Clotilde et lui avait adressé quelques lieux communs de galanterie, que Clotilde avait eu l'air de prendre pour une partie de la contredanse, pour un dialogue enseigné par les maîtres de danse au son de la *pochette*, et pouvant se chanter sur l'air de la *Trénis* ou de la *Pastourelle*, et que l'on répète à toutes les danseuses pendant toute une nuit, sans y rien changer.

L'*Été*, — en avant à deux, — à droite, chassez, — à gauche, chassez, — traversez, balancez à vos dames.

—Il fait bien chaud. —Ah! oui, — ou — mais non.

—Vous avez une robe rose; c'est une bien jolie couleur, que le rose (Variante si la robe est bleue : Vous avez une robe bleue, c'est une bien jolie couleur que le bleu).

— Avez-vous été beaucoup au bal, cet hiver?

—Il y a beaucoup de bals, cette année.

— J'ai eu *le bonheur* de vous voir chez (nommer une maison dans laquelle il soit du bon ton d'être admis : il n'est pas nécessaire que vous y alliez réellement).

Main droite, main gauche, — balancez, — à vos places.

— Finissez par un *jeté battu* et un *assemblé*.

—En avant deux.

— On ne fait plus le dos à dos.

—A vos places,— tour de main.

—La connaissance devenant plus intime, la phrase monte. — J'adore les cheveux noirs (ou les cheveux châtains, ou les cheveux blonds, ou les cheveux d'or, selon que la personne est brune, blonde ou rousse).

C'est ce que les moralistes appellent :

« Ces danses mêlées de paroles *brûlantes* et pleines d'*enivrement*, où l'amour prend les formes les plus *séduisantes*, et achève par la parole ce qui n'est que trop bien commencé par *la musique* et de *voluptueux entrelacements.* »

Pastourelle. — Conduisez vos dames. — *En avant trois.*

Cavalier seul !

J'ai connu des hommes braves et intrépides, dont le corps était couvert de blessures, des hommes que j'avais vu affronter la mort avec le sourire sur les lèvres, et un visage impassible. Eh bien ! à ce moment solennel du *cavalier seul,* il n'en est pas un que je n'aie vu hésiter, arranger sa cravate, passer sa main dans ses cheveux pour se donner une contenance, s'embarrasser, et sentir rougir de honte, de timidité, de peur, la cicatrice faite à son front par le sabre ennemi.

En effet, l'espace est là ouvert devant vous, un espace qu'il faut seul remplir de grâce et d'élégance, devant des yeux qui ne sont distraits par rien. Vous êtes sur un théâtre, sans être plus élevé que les spectateurs. Tous les yeux sont sur vous, votre habit vous gêne, vous rougissez rien que de la peur de rougir; vos yeux se troublent, ne voient plus; vos genoux flageolent et se dérobent; il vous semble à vous-même que vous êtes devenu un de ces pantins dont les jambes et les bras tiennent par des fils; vous sentez vos jambes mal attachées et prêtes à tomber; votre respiration est pénible et embarrassée.

Vous voudriez que le lustre tombât, sinon sur vous, du moins sur quelqu'un, ou que le feu prît à la cheminée.

Le plus funeste accident vous ravirait pourvu

qu'il vînt mettre un terme à votre angoisse.

Vous usez d'une foule de petits subterfuges, vous n'osez regarder ceux qui sont en face de vous, mais vous êtes embarrassé de sentir que vous baissez les yeux, vous voulez les relever et ils ne vous obéissent pas, ou partout ils rencontrent des regards embarrassants.

Vous avez commencé par *marcher*, mais vous vous faites des reproches de votre lâcheté ; il faut *danser* franchement, et dans votre élan de courage, vous commencez un pas que vous n'achevez pas ; vous êtes en avance de trois mesures, vous avez fini, la musique va encore, vous vous arrêtez en face des deux *dames* : — le *cavalier* médite déjà son pas et s'embarrasse par avance ; il aurait pitié de vous, car tout à l'heure il aura besoin de votre pitié ; il vous tendrait la main, — mais les *femmes !* elles vous voient là, rouge, essoufflé, le corps légèrement penché, les mains tendues vers elles, avec un sourire niais et contraint, et elles ne livreront leurs mains aux vôtres pour le tour de main, que quand la mesure viendra l'ordonner rigoureusement.

J'ai appris à danser, et je suis assez habile à tous les exercices; je rencontre parfois dans les rues un brave homme, maigre et grêlé qui m'a donné des leçons; ce professeur est danseur et joue les *diables verts* à l'Opéra, quand M. *Simon* est malade. M. *Simon* est premier *diable vert* de l'Académie royale de musique et a reçu la croix d'honneur en 1858.

Une fois j'ai essayé de pratiquer les leçons de mon professeur.

Mais arrivé au cavalier seul, j'ai appelé la mort de meilleure foi que le bûcheron de La Fontaine.

J'étais si désespéré que je ne sais si je me serais contenté de la prier de finir pour moi mon *cavalier seul*.

Tout se mit à tourner devant moi : les danseurs avaient des formes étranges;

Le piano ricanait et se moquait de moi;

Les figures des tableaux se tenaient les côtés et riaient aux éclats;

Les bougies dansaient dans les candélabres en me contrefaisant;

Et le cornet à piston me sembla la trompette du jugement dernier.

Hélas! on me jugeait en effet un sot et un maladroit.

Tout disparut; je ne sais comment cela finit, je me retrouvai à ma place près de la femme que j'avais engagée à danser; je n'osai plus lui parler, ni la regarder. Je ne voyais pas son visage, mais il me semblait apercevoir du mépris jusque dans ses pieds et dans les plis de sa robe.

Jamais depuis je n'ai osé m'exposer à un pareil supplice.

Encouragé par l'air ennuyé de madame de Sommery qu'il prit pour de l'embarras et de la modestie, Charles la suivit après la contredanse quand elle alla s'asseoir, et bourdonna autour d'elle des choses insignifiantes; mais aux premières mesures de l'orchestre, il alla prendre la main d'Alida Meunier, qu'il avait engagée.

Alida l'accueillit à merveille, et Clotilde jeta sur eux un regard attentif. Il y avait entre ces deux femmes un sentiment de rivalité tellement développé, que l'objet qu'elles se disputaient n'avait pas besoin aux yeux d'aucune, d'avoir d'autre valeur que d'être désiré par l'autre.

Si Clotilde eût manifesté la moindre envie d'avoir la peste, Alida n'aurait rien négligé pour la lui enlever.

Charles s'était occupé de madame de Sommery toute la soirée, cela en faisait quelque chose aux yeux de madame Meunier, et l'accueil de madame Meunier rendit madame de Sommery plus attentive à la contredanse suivante que Charles dansa avec elle, quoique aucune des deux n'eût voulu de Charles pour rien au monde.

Il vint un moment où Charles dansa avec sa cousine. — Il lui dit : M. de Fousseron s'occupe beaucoup de toi.

ZOÉ.

C'est un homme très bien.

CHARLES.

C'est un de mes amis.

ZOÉ.

Vraiment? — Il paraît que tu es très à la mode, ce soir.

CHARLES.

Je suis apprécié.

ZOÉ.

Il ne faut cependant pas te figurer que Clotilde fait attention à toi.

CHARLES.

Et pourquoi cela?

ZOÉ.

C'est un conseil que je te donne.

CHARLES.

Ne t'imagine pas que Robert soit un jeune homme à marier.

ZOÉ.

Qu'est-ce que c'est que Robert.

CHARLES.

Robert Dimeux de Fousseron.

ZOÉ.

Ton ami?

CHARLES.

Oui, il disait hier : On rirait bien de moi si l'on connaissait ma seigneurie de Fousseron.

ZOÉ.

Clotilde n'est pas ce soir mise à son avantage. — Avec qui danses-tu, tout à l'heure?

CHARLES.

Avec madame Meunier. Faut-il aussi croire qu'elle ne fait nulle attention à moi?

ZOÉ.

Oh! celle-là elle fait attention à tout le monde. Mais, c'est à toi la main droite.

Main droite, main gauche, balancez, traversez, en avant quatre, traversez.

CHARLES.

Fousseron est un homme de cœur et d'esprit; mais il est d'une rare perfidie envers les femmes. — C'est un habile comédien.

XXXIII.

Un mardi chez madame Meunier.

L'appartement de madame Meunier était arrangé avec la plus grande coquetterie. Il y avait pour des sommes énormes de curiosités et de chinoiseries sur des étagères. — D'après une mode qui commençait alors et qui est fort établie aujourd'hui, chaque pièce de l'ameublement était un chef-d'œuvre ; mais rien ne réunissait cette pièce aux autres, ni la couleur de l'étoffe, ni la forme, ni la nature du bois : cela manquait d'harmonie et de calme. On admirait la richesse du logis, mais on n'y était pas bien, et on n'avait pas envie d'y demeurer.

Arthur, depuis quelque temps, s'éloignait de sa maison. — On l'accusait fort dans le monde d'une grave atteinte à la foi conjugale. Alida le savait mieux que personne, car elle était la confidente de son frère et elle le soutenait dans sa rébellion cachée contre sa femme, moins par amitié pour lui que par haine contre Clotilde. Il dînait souvent chez sa sœur, et Clotilde le savait parfaitement à la mauvaise humeur et à l'esprit de contradiction qu'il rapportait à la maison.

Au dernier vendredi de Clotilde, il n'avait fait que paraître, et s'était esquivé avant onze heures. Chez sa sœur, au contraire, le mardi suivant, il dîna et passa toute la soirée.

Charles était allé voir Robert le matin; et lui avait dit : Eh bien! *mon cher,* je suis amoureux.

— De qui? avait demandé Robert.

— De madame Meunier.

— Ah! c'est une jolie personne; et vous êtes à....?

— A rien.

— Ce n'est pas très avancé.

— Non. Je viens vous demander un conseil; faut-il lui écrire?

— Il n'y a pas d'inconvénient.

— Je vous avouerai que je ne sais que lui dire; j'ai tant fait de ces lettres-là, qu'il est bien difficile d'écrire quelque chose que je n'aie déjà écrit dix fois.

— Qu'est-ce que cela fait?

— Au fait oui; qu'est-ce que cela fait?

— J'ai également deux lettres à écrire ; vous allez voir que je suis moins scrupuleux. Joseph, donnez-moi dans ma bibliothèque le carton A. I.

Très bien, maintenant. J'en suis à la déclaration comme vous. — Dé-cla-ra-ti-on. — Cherchez lettre 1.

« Quoi ! je n'ai pu qu'allumer votre courroux ? »

Non, c'est le numéro 2, — cela. — Numéro 1. — Numéro 1. — Eh ! le voilà.

« Pardonnez, madame, si je vous écris; mais comment voir tant d'attraits, etc., etc. »

C'est cela. — Une feuille de papier, une plume. — Je copie la lettre. — Mais j'y pense, voulez-vous la copier aussi ; elle est toute à votre service.

— Quoi ! la même ?

— Mais, mon jeune ami, quoi que vous fassiez, je vous défie d'écrire autre chose que ce qu'il y a dans cette lettre-là. — Elle est fort bien faite et très complète. Croyez-moi, écrivez.

— J'écris.

Je ne suis pas bien sûr, pensa Robert, de n'avoir pas moi-même *dans le temps* donné cette même lettre à madame Meunier, mais cela n'a aucun inconvénient, et je n'en avertirai pas le jeune homme auquel cela ferait perdre tout son aplomb.

A peine Clotilde fut-elle arrivée chez sa belle-sœur, qu'Alida demanda *son enfant*. On apporta quelque chose de cramoisi dans des langes. Elle l'embrassa, — le trouva pâle, — annonça qu'elle mourrait si jamais elle venait à perdre *ce petit ange*. Elle plaignit beaucoup les femmes qui n'ont pas d'enfants.

— Ah! dit-elle à Clotilde, vous ne savez pas comme cette passion-là hérite de tous les autres sentiments; — comme on se sent forte et héroïque quand il s'agit de son enfant.

Tout le monde se récria sur la noblesse des sentiments de madame Meunier. Charles s'approcha et voulut jouer avec l'enfant, qui le regarda avec de grands yeux naïfs et étonnés, et, se tournant vers sa mère, cacha sa tête et se mit à crier. De là madame Meunier raconta tous les traits d'esprit, les bons mots et les réparties de son fils Arthur, âgé de cinq mois; elle montra ses bras, ses cuisses, son dos. — Clotilde dit : « Un bien bel enfant... A quelle heure le couche-t-on ? »

— Ah! Clotilde, dit Alida de l'air le plus élégiaque, — vous n'aimez pas les enfants; — le ciel vous a refusé le bonheur d'être mère; vous ne pouvez pas me comprendre; je vous plains. — Je dois vous paraître bien ridicule, bien niaise, et à vous aussi M. de Fousseron.

— Moi, madame, dit Robert, je respecte tous les sentiments quand je les crois vrais.

Et Robert accompagna cette phrase ambiguë d'un sourire qui déplut fort à Charles et encore plus à Alida, qui cependant, sûre de de l'approbation du reste de la société, — continua.

— O mon fils, dit-elle, tu seras la consolation de ma vie ; mon fils, tu seras noble et brave.

Elle l'embrassa encore, et le fit emporter;
— elle demanda encore pardon à son monde;
— mais il y avait deux heures qu'elle n'avait
pas vu ce cher enfant.

— C'est pire qu'Andromaque, dit Clotilde
à Robert.

— Ah! dit Robert, l'embryon est parti. Je
ne connais rien de fatigant comme de voir
une femme se faire un mérite et une parure
d'un sentiment si naturel que les philosophes l'appellent un instinct. Je ne sais rien
de beau que ce qui est caché. — L'or est
dans le sein de la terre et les perles au fond
des mers.

Et comme il s'aperçut que Zoé, assise près
de Clotilde, avait ôté un de ses gants, il lui
dit : — Mademoiselle, je ne dis pas cela pour
votre main qui est ravissante.

— Robert est bien fade aujourd'hui, dit
Charles à l'oreille de sa cousine.

— Pas tant que toi, lui dit-elle, qui as

passé un quart d'heure à admirer l'enfant d'Alida.

Robert était en gaieté; il se mit à raconter la suite des bons mots et réparties du jeune Arthur, âgé de cinq mois.

—Messieurs, dit Robert, le jeune Arthur, lors du serment du jeu de paume, répondit à M. de Dreux-Brézé : « Esclave, vas dire à ton maître que nous sommes ici par la volonté du peuple et que nous n'en sortirons que par la force des baïonnettes. »

Dans une autre circonstance, il s'écria : « La cour rend des arrêts et non pas des services. »

Mais un de ses mots les plus remarquables est, sans contredit, celui qu'il laissa échapper un jour que le roi des Perses lui fit savoir que les flèches de ses soldats obscurcissaient le soleil. « Parbleu, reprit Arthur, nous combattrons à l'ombre; » et il se remit à sucer son pouce.

On engagea Zoé pour la danse. — Charles

était fort embarrassé ; il hésitait entre Clotilde et Alida, — penchant tour à tour, comme font les jeunes gens, vers celle, non qui lui plaisait le plus, mais qui lui offrait le plus de chances favorables.

Robert, seul avec Clotilde, lui dit : — J'ai reçu de Londres, de Dublin et de New-Yorck, des lettres où il est fort question de vous.

— Vraiment, dit-elle, en rougissant.

— Vous savez donc de qui elles sont ?

— Pourquoi ?

— Puisque vous ne me le demandez pas.

— Je m'en doute.

— Voudrez-vous les lire ?

— Oui.

— Je vous les porterai demain.

— Dites-moi, mon mari ne vous fait-il pas l'effet d'être au mieux avec cette grande femme au coin de la cheminée, qui a dans les cheveux des rubans brun et argent.

— Est-ce que vous êtes jalouse ?

— Non; mais cela a d'autres inconvénients.

— Qu'est-ce que cette femme ?

— C'est une jeune veuve très riche.

— Vraiment.

— Qu'y voyez-vous de surnaturel ?

— Je croyais que ce personnage n'existait que dans les vaudevilles de M. Scribe; mais faute au théâtre d'être la peinture des mœurs, il faut bien que les mœurs soient la peinture du théâtre, et, comme disait dernièrement je ne sais qui (1), c'est le vaudeville qui a créé le Français. — Est-ce qu'elle vient beaucoup chez Alida ?

— Oui, elle y a dîné aujourd'hui.

— Et mon mari aussi.

— Je vois naître dans votre cœur une foule de petits tigres qui vont le dévorer. — Mais j'oubliais que je suis amoureux; je vous laisse.

En entendant Robert se dire amoureux, Clo-

---

* C'est parbleu bien l'auteur de ce livre.

tilde sourit; — mais son sourire resta longtemps sur son visage, tandis qu'elle réfléchissait profondément. — Etait-ce à l'infidélité d'Arthur? — Etait-ce à la constance de Tony Vatinel?

Charles alla s'asseoir près de Zoé.

ZOÉ.

Alida a été toute la soirée parfaitement ridicule.

CHARLES.

Zoé, écoute-moi, je veux te parler. — Donne-moi le bras, et viens dans une autre pièce.

ZOÉ.

Pourquoi faire? Pendant ce temps-là, on ne m'engagera pas, — et je n'ai plus d'invitation.

CHARLES.

Eh bien, tu danseras avec moi, nous entendrons bien la musique.

Ecoute-moi, Zoé; — tu es bien libre, et je ne m'aviserai jamais de te contraindre en rien.

Mais en bon parent, en ami, je dois t'avertir de ce qui se passe. — Fousseron te fait la cour?

ZOÉ.

Je le crois.

CHARLES.

Et cette cour te plaît. — Mais, écoute-moi bien, Zoé, Robert ne se mariera pas; — il te compromettra.

ZOÉ.

Et pourquoi ne se mariera-t-il pas?

CHARLES.

C'est un projet arrêté chez lui.

ZOÉ.

Et croyez-vous donc, cher cousin, que *mes faibles attraits* n'auront jamais sur personne le pouvoir qu'ils n'ont pas eu sur vous.

CHARLES.

Zoé, je te parle sérieusement. — Robert est un fort mauvais sujet. — Je gage qu'il t'a écrit.

ZOÉ.

Tu m'y fais penser; il a tenu mon bouquet pendant cinq minutes. — En effet, il y a dedans un papier roulé; c'est un peu impertinent.

CHARLES.

Tu as été assez coquette pour autoriser son impertinence.

ZOÉ.

Crois-tu, Charles?

CHARLES.

Tout le monde n'a-t-il pas vu cette fleur prise de ton bouquet, qu'il n'a cessé de mettre sur ses lèvres tout le temps que tu as dansé en face de lui.

ZOÉ.

Charles, — mon Dieu! — est-ce que j'ai fait quelque chose de mal?

CHARLES.

Voici la musique, — viens danser.

ZOÉ.

Je n'ai plus envie de danser. — Que faire de ce papier?

CHARLES.

Là-dessus je ne te donnerai pas de conseil.

ZOÉ.

Figure-toi que depuis vendredi il a passé à cheval sous mes fenêtres deux ou trois fois par jour, et que lorsque le hasard me fait trouver à la croisée....

CHARLES.

Il n'y a pas de hasard en ce genre au mois de janvier.

ZOÉ.

Il me salue avec une grâce infinie. — Mais le papier, le papier, que faire du papier?

CHARLES.

Rentrons au salon. — J'ai une lettre à glisser, et je trouve le procédé de Robert excellent.

ZOÉ.

A qui veux-tu glisser une lettre? — A Alida?

CHARLES.

Oui.

ZOÉ.

J'espère bien qu'elle ne la recevra pas.

CHARLES.

Tu as bien reçu celle de Robert?

ZOÉ.

Charles, je t'en prie, ne me dis pas des choses comme cela; mais tu ne penses donc pas qu'on pourrait trouver ta lettre. — M. Meunier?

CHARLES.

M. Meunier, il joue; — et d'ailleurs, crois-tu que j'ai peur de M. Meunier?

ZOÉ.

Mais enfin, s'il voyait que tu fais la cour à sa femme, il voudrait peut-être se battre.

CHARLES.

Eh bien, on se battrait.

ZOÉ.

Aimes-tu donc assez Alida pour exposer ta vie?

CHARLES.

Ah! voici une seconde contredanse. — Rentrons.

ZOÉ.

Eh bien, tiens, voici mon bouquet avec le papier. — S'il m'en parle, je dirai que tu me l'as pris.

Et Zoé s'enfuit dans le salon, laissant son bouquet dans les mains de Charles tout étourdi.

XXXIV.

Le lendemain, Robert porta à Clotilde les lettres de Tony Vatinel. Clotilde les lut et resta silencieuse. Elle devait aller le soir au théâtre. Elle donna sa loge et resta seule chez elle. Elle pensa à Tony; le but de ses désirs était atteint; la pauvre orpheline *Marie-Clotilde Belfast* était devenue madame *de Sommery*, — et elle n'était pas heureuse; il lui avait fallu rejeter de son cœur, pour arriver là, — tous les bons sentiments. — M. de Sommery et toute la famille de son mari la maudissaient. — Elle n'aimait pas Arthur; — et pendant cette soirée qu'elle passa seule, — elle ne trouva pas si ridicules qu'autrefois cette *cabane* et cette *vie silencieuse et ignorée* que Tony Vatinel voulait remplir toute entière d'amour.

XXXV.

Charles rencontra Robert sur le boulevard et le salua de la main sans s'arrêter. Il allait chez Zoé. — Il pensa que Robert venait peut-être de lui faire une visite, et il se repentit un moment de ne pas l'avoir abordé, parce que Robert le lui eût sans doute dit : cependant il sentait une sorte d'instinct confus qui l'éloignait de Dimeux. Arrivé chez Zoé, il voulait demander si Robert n'était pas venu. Mais il eut peur de paraître trop s'occuper de lui et de Zoé. Puis il pensa que n'en pas parler était une affectation qu'on pourrait interpréter dans le même sens. Il fallait donc en parler et du ton *le plus indifférent*, — et cependant ne pas exagérer cette indifférence. — Mais il n'était pas naturel d'avoir attendu un quart d'heure pour exprimer la pensée qui, dans l'ordre ordinaire des idées, aurait dû être la première ; à savoir : « Je viens de rencontrer Dimeux ; venait-il d'ici ? » Dès l'instant qu'on avait attendu un quart d'heure, on aurait trahi son hésitation, hésitation qui ne signifiait absolument rien, qu'on ne comprenait pas soi-même, mais à laquelle *cette petite fille* eût pu attacher un sens ridicule. Il n'en parla pas. Il y avait un bouquet sur la cheminée. Il était d'un goût ravissant. Cinq camélias blancs étaient séparés de branches de lilas blanc par de longues feuilles de *mimosa* qui, légères et finement découpées, ressemblaient à de petites plumes d'autruche vertes et dépassaient de beaucoup le reste du bouquet qui était entouré par de la bruyère et des *azaleas* blancs.

— Voici un joli bouquet, dit Charles.

— Il est charmant, répondit Zoé.

Charles regarda un tableau, — fit deux fois, en marchant, le tour de la chambre, et revint au bouquet, qu'il prit à la main pour le respirer.

— Il embaume, dit-il.

— Il embaume, répéta Zoé.

Charles retomba dans le même embarras; il n'y avait rien de si naturel que de demander à sa cousine qui lui avait donné ce bouquet. — Mais ne l'ayant pas fait tout de suite, songea-t-il, elle croirait que j'ai hésité, et se figurerait peut-être que cela ne m'est pas parfaitement égal.

Il se remit à regarder le tableau.

Pendant ce temps-là, Zoé se disait : « Pourquoi ne lui ai-je pas dit tout de suite que ce bouquet m'a été apporté par Robert Dimeux; —il croirait peut-être que c'est une bravade ou une coquetterie. » Et elle ouvrit sa boîte à ouvrage, probablement pour y chercher quelque chose, et tous deux restèrent quelque temps silencieux. Zoé parla la première, et demanda à Charles où il en était avec Alida. Charles prit un air de fatuité réservée. Du reste, ajouta Zoé, tu es magnifique; on voit bien que tu es amoureux. Tu fais très bien de mettre une cravate blanche, cela te va beaucoup mieux.

Elle se sentit rougir, et dit en se levant :

— Il fait chaud ici.

— Mais non, dit Charles.

Zoé regardait à travers les vitres; un faible rayon de soleil perça péniblement le ciel gris et si bas qu'il semblait prêt à être déchiré par les cheminées.

— Quel beau temps ! dit Zoé, et elle ouvrit la fenêtre.

A peine la fenêtre ouverte, le reflet du soleil étalé sur la maison d'en face, de jaune pâle qu'il était, devint d'un blanc morne et froid.

— Quel beau temps! répéta Zoé.

Charles vint se mettre près d'elle à la fenêtre, et tous deux regardèrent les passants sans parler. — Zoé inclina légèrement la tête; Charles chercha à qui était adressé ce salut, — et aperçut Robert qui passait à cheval.

— Voilà Robert, dit-il. Quel affreux cheval !

ZOÉ.

Comment! son cheval est, au contraire, superbe !

CHARLES.

Superbe! de grosses jambes avec de hideuses balzanes ! — Un cheval qui forge !

ZOÉ.

Tu me permettras de ne rien comprendre à ces mots de manége.

CHARLES.

C'est incroyable comme Robert est changé, lui qui se mettait si bien autrefois.

ZOÉ.

Mais je le trouve fort bien encore.

CHARLES.

Allons donc.

ZOÉ.

Il n'y a rien à répondre à un tel raisonnement.

CHARLES.

C'est qu'il n'y a pas besoin de raisonnement, cela saute aux yeux.

ZOÉ.

C'est, en effet, un sûr arbitre et un juge souverain que l'homme qui a osé faire compliment l'autre soir à madame Meunier de la plus horrible dentelle qu'une femme ait jamais portée.

CHARLES.

Tiens, j'oubliais que je vais chez madame Meunier.

ZOÉ.

Qu'es-tu venu faire ici?

CHARLES.

Ceci est tout à fait poli et du meilleur goût.

ZOÉ.

Je ne te dis cela que dans ton intérêt; Alida est une femme charmante, fort entourée, qui sait ce qu'on lui doit, et qui n'est pas disposée à en rien rabattre.

CHARLES.

Adieu, Zoé.

ZOÉ.

Adieu, Charles.

Charles s'arrêta devant une glace comme pour arranger sa cravate, mais ses yeux ne regardaient pas; — il semblait attendre que quelque chose le retînt à défaut de quelqu'un. Enfin, il se décida, et sortit presque brusquement en disant : Adieu.

Adieu, répondit Zoé.

Le lendemain, à l'heure où Robert avait passé à cheval, Charles fit arrêter vis-à-vis de chez Zoé un fiacre dont les stores étaient fermées.

Robert passa et regarda à la fenêtre, mais elle était fermée.

Charles sentit son cœur s'épanouir. Il aimait Robert; il eut envie de l'appeler pour lui serrer la main.

XXXVI.

A propos de *mimosa*, dont nous avons parlé tout à l'heure, beaucoup de personnes ont aujourd'hui des branches et des feuilles du *saule* qui ombrage la tombe de l'empereur Napoléon à Sainte-Hélène. Il n'y a à l'authenticité de cette relique qu'un inconvénient, c'est qu'il n'y a sur cette tombe pas le moindre saule, mais bien un magnifique *mimosa*.

XXXVII.

Un soir que Robert avait rencontré Clotilde dans le monde, il lui dit :

Vous n'êtes pas encore allée aux bals de l'Opéra. C'est cette nuit le troisième. Y viendrez-vous ?

— J'en avais bien quelque envie, mais mon

mari est un peu souffrant, et ne peut m'y mener.

— Eh bien ! regardez là-bas votre sœur avec la jeune veuve que vous savez ; voyez comme elles paraissent affairées. Je gage qu'elles partiront avant minuit.

— Quel rapport cela a-t-il ?

— Je vous le dirai plus tard.

— Plus tard, je ne voudrai plus le savoir.

— Ceci n'est qu'une ruse pour savoir tout de suite. D'ailleurs, je ne vous le dirai pas malgré vous. Êtes-vous engagée pour cette contredanse ?

— Oui.

Robert quitta madame de Sommery, et rencontra Charles, auquel il reprocha de négliger Alida. Où en êtes-vous ? lui dit-il.

— Mais on n'a pas répondu à ma lettre.

— On ne répond jamais à une première lettre.

— Et vous ?

— Comment, moi?

— N'êtes-vous pas devenu amoureux en même temps que moi?

— Ah! oui, dit Robert très négligemment, et il traversa le salon. Charles fut très offensé qu'on parlât ainsi de sa cousine, d'une femme qu'il avait dû épouser. Il pensa qu'il *devait* l'en avertir, et alla auprès d'elle. — Zoé, lui dit-il, j'ai à te parler; nous allons danser ensemble.

— Impossible, je suis engagée.

— La suivante?

— Je le suis aussi. Je ne puis te promettre que la sixième.

— Ma foi, ma chère cousine, je n'ai pas assez de mémoire pour m'engager; tant pis pour toi, c'était dans ton intérêt que je voulais te parler.

— C'est pour cela que tu y renonces si facilement.

— Tu as là un assez vilain bouquet.

— J'en avais un plus beau, mais je ne sais qui me l'a envoyé, et je n'ai pas cru devoir le porter.

— Des camélias ponctués et du jasmin d'Espagne?

— Oui; comment le sais-tu?

— Tu sais donc qui t'a envoyé celui que tu as à la main?

— Oui, c'est M. Dimeux. Mais...

— Je ne comprends pas que l'on reçoive ainsi des bouquets.

— Est-ce donc toi qui m'as envoyé l'autre par hasard; je t'en ai toujours jugé incapable.

— Il est cruel, dit Charles en riant, de n'être pas mieux apprécié par ses contemporaines.

— Robert vint prendre Zoé pour la contredanse. Charles ne dansa pas. Il alla s'asseoir près d'Alida, qui avait annoncé qu'elle était fatiguée et ne danserait plus.

Robert récita à Zoé, pendant la contredanse,

trois ou quatre pages de la *Nouvelle Héloïse.* Zoé avait cherché son cousin, et l'avait enfin trouvé causant très attentivement avec Alida. De ce moment, elle fut tout à fait absorbée. — On venait de danser *la pastourelle*, et Robert entamait sa quatrième page. — Il crut devoir y ajouter un peu de son crû, et dire :

—De grâce, charmante Zoé, répondez-moi, ne me dites qu'un mot, fût-ce le plus dur du monde; mais répondez-moi?

—Hélas ! monsieur, dit Zoé, je suis réellement bien honteuse de ce que j'ai à vous dire ; mais je dois vous avouer que de tout ce que vous me dites depuis le commencement de la contredanse, je n'ai pas entendu un seul mot.

— On dansa le *chassé-croisé*. Robert reconduisit Zoé à sa place, et comme la pendule marquait minuit, il se retrouva près de madame de Sommery, à laquelle il dit :

— La veuve et Alida s'en vont à minuit juste; si la pendule retarde, Alida risque fort de perdre comme Cendrillon sa pantoufle de verre.

CLOTILDE.

Oh! le prince qui la ramasserait n'en perdrait pas la tête.

ROBERT.

Maintenant je lis dans les astres que votre mari médite de venir vous demander si vous tenez beaucoup à rester tard, parce qu'il est fatigué et même un peu souffrant.

CLOTILDE.

Mais enfin, qu'est-ce que tout cela veut dire?

ROBERT.

Que votre mari, madame Meunier et la veuve vont au bal de l'Opéra, et qu'on veut vous coucher pour être libre.

CLOTILDE.

Croyez-vous?

ROBERT.

Vous allez voir se réaliser ma seconde prédiction comme la première. Voici venir M. de Sommery.

En effet, Arthur, traînant le pas, vint dire à sa femme : — Si tu ne tiens pas à un veuvage prématuré, nous ne resterons pas tard ; je suis très souffrant.

—Nous partirons après cette contredanse, reprit Clotilde, que j'ai promise à M. de Fousseron.

Arthur s'éloigna.

ROBERT.

Mais vous m'avez d'autant moins promis de contredanse que je danse avec mademoiselle Reynold.

CLOTILDE.

Et moi avec son cousin ; mais je vais arranger cela, parce que j'ai besoin de causer un peu avec vous.

Madame de Sommery fit un signe à Zoé qui vint auprès d'elle, et elle lui dit :

—Ton cousin est très mécontent de toi, il veut te parler absolument ; j'ai prié M. de Fousseron de lui céder sa contredanse que tu peux alors donner à Charles. Va lui dire que je lui laisse également sa liberté.

CLOTILDE.

Eh bien! M. de Fousseron, je veux aller au bal de l'Opéra. Chargez-vous de m'avoir un domino, et conduisez-moi; je vous laisserai là parfaitement libre; seulement, quand je m'en irai, vous me conduirez à une voiture.

ROBERT.

Il y a à cela un inconvénient, c'est que je ne veux pas paraître au bal de l'Opéra.

CLOTILDE.

Pourquoi?

ROBERT.

Parce que j'y trouverais des personnes que je ne veux pas rencontrer en même temps.

CLOTILDE.

Vous mettrez un faux nez.

ROBERT.

Cela ne déguise que le nez.

CLOTILDE.

Un domino?

ROBERT.

Il n'y a rien de hideux comme un homme en domino.

CLOTILDE.

Qu'est-ce que cela vous fait, on ne verra pas votre figure et on ne saura pas que c'est vous.

ROBERT.

Je serai à votre porte à une heure et demie; vous recevrez un domino et un masque à une heure.

CLOTILDE.

Non, envoyez-moi le domino chez Zoé, je ne veux pas m'habiller chez moi.

XXXVIII.

A minuit et demi Clotilde entra chez Zoé, où, selon la promesse de Robert, elle trouva tout ce qu'il lui fallait pour se costumer. Peu de temps après, un fiacre s'arrêta devant la porte de Zoé; Dimeux ne sortit pas et attendit. En même temps que le fiacre, était arrivé en cabriolet Charles Reynold, qui s'était aperçu que le soir il y avait eu quelque mystère entre Clotilde, Zoé et Robert Dimeux. Robert, auquel il avait demandé s'ils iraient ensemble à l'Opéra, lui avait dit : « J'ai des raisons pour y aller de mon côté. »

Est-ce que, par hasard, avait pensé Charles, elle serait assez imprudente pour aller au bal avec Robert. Après tout, c'est ma cousine, je ne *dois* pas la laisser se perdre ainsi. Il descendit de son cabriolet. Ce fiacre arrêté devant la porte à une pareille heure ne pouvait qu'accroître singulièrement les soupçons de Charles Reynold. La nuit était sombre, Charles marchait dans la rue, et on ne voyait guère dans l'ombre que la partie allumée de son cigarre, semblable à une petite étoile rouge qui se serait promenée en l'air. Dans la situation de Charles, — quand on guette une personne dont on est jaloux, — il y a un moment où il semble qu'on serait désespéré que le malheur que l'on redoute n'arrivât pas. — Serait-ce qu'aux yeux de l'amour les soupçons que l'objet aimé a inspirés sont déjà un crime, et qu'on est disposé à croire que ce qu'on ne voit pas, n'est pas une chose qui n'est pas, mais une chose bien cachée. Bientôt Dimeux, entendant ouvrir la porte, descendit de son fiacre et y fit monter Clotilde masquée, que Charles n'hésita pas à reconnaître parfaitement pour Zoé; il remonta en cabriolet et arriva à l'Opéra derrière le fiacre, dont il vit descendre les deux dominos, qu'il examina de façon à être sûr de les reconnaître au bal. Il y avait beaucoup de monde. On avait pour la première fois essayé cette année-là de joindre à l'attrait du bal celui de *danses* de je ne sais quel pays, et cela avait du succès par une raison que n'avaient pas soupçonnée les auteurs du projet. C'était un excellent prétexte que l'on donnait aux maris.

— Je voudrais bien aller au bal de l'Opéra.

— Y pensez-vous? C'est une folie, on n'y va plus. — D'ailleurs, c'est très mal composé.

— Je le sais bien, aussi n'est-ce pas du bal qu'il s'agit; — mais on dit que ces danseuses étrangères sont charmantes. — Mesdames trois étoiles, quatre étoiles et cinq étoiles y vont. — Nous n'y resterons qu'une demi-heure, une heure au plus, et nous ne sortirons pas de notre loge.

Pendant ce temps, mesdames trois, quatre et cinq étoiles, s'autorisaient auprès de leurs maris de l'exemple de celle qui s'autorisait du leur. On obtenait la permission demandée, en affirmant bien que sans ces danseuses étrangères, on n'aurait pour rien au monde consenti à mettre les pieds au bal de l'Opéra.

Les danses finies, on voulait, avant de s'en aller, faire le tour du foyer; — puis on ne se retrouvait pas, et ne pouvant partir les unes sans les autres, on ne partait pas; — et les pauvres maris étaient obligés de rester là jusqu'à trois heures du matin, fort ennuyés, parce que n'étant pas costumés ils étaient surveillés par leurs femmes, dont le premier soin avait été de cacher le signe convenu pour se faire reconnaître.

Clotilde avait un domino noir. — Admirez ma prudence, avait dit Robert, je l'ai pris très long pour cacher vos pieds, sans quoi on vous aurait de suite reconnue. Le domino était orné d'une très belle dentelle, — et le capuchon retombait sur le masque qui avait une barbe très longue. Clotilde se trouvait du très petit nombre des femmes qui se déguisent sérieusement. Robert, caché sous un grand domino, était reconnaissable aux yeux de Clotilde par un ruban vert qu'il s'était attaché au poignet.

— Il l'avait avertie qu'Alida et la veuve auraient des rubans orange. Arthur n'était pas déguisé. Elle ne tarda pas à quitter Robert pour se livrer à ses recherches, tout en jetant en passant près d'eux, aux hommes qu'elle connaissait, quelques mots piquants qui ne laissaient pas de les occuper quelques instants.

Alors, comme aujourd'hui, les hommes qui allaient au bal de l'Opéra avaient l'usage de souper en se retirant, vers trois heures du matin, usage charmant, qui méritait bien d'être conservé comme il l'est. En effet, on passe la nuit au bal, morne, froid, taciturne, endormi, — après quoi on fait un excellent souper qui vous réveille pour aller vous coucher, vous met en belle humeur et vous inspire les plus jolis mots, que vous dites au cocher de fiacre. Vous frappez à votre porte avec une gaieté folle, il n'est pas de mots piquants, spirituels, fins, que vous n'adressiez à la portière. Vous montez votre escalier en riant vous-même de tout ce que vous vous dites de joli. — Vous faites à votre domestique des épigrammes sanglantes ; — et vous vous couchez en proie à la plus heureuse disposition d'esprit pour veiller et amuser vous et les autres.

Charles, qui n'avait pas perdu de vue les deux *dominos* qu'il suivait depuis le faubourg Poissonnière, aborda Clotilde dès qu'il la vit seule, et lui dit à l'oreille :

—Je te connais, tu es Zoé,—je veux te parler.

Clotilde mit le doigt sur sa bouche et s'esquiva dans la foule.

En la cherchant, Charles aperçut le grand *domino* au ruban vert; il alla derrière lui et appela *Robert*. Le *domino* se retourna, puis se mit à rire, et lui dit : Le moyen est bon, et je suis un niais de m'y être laissé prendre. Comment m'avez-vous reconnu?

—J'avais quelques indications, reprit Charles.

Et il continua sa marche. Quelques femmes l'abordèrent pour lui dire.

L'une : Je te connais, tu t'appelles Charles.

Une autre : Je te connais, tu es employé au ministère des finances.

Une autre : Je te connais, tu avais avant-hier un pantalon bleu.

Et Charles était le plus heureux des hommes, il se disait :

Mon Dieu, comme on m'intrigue donc. Comme je suis donc connu. Comme on s'occupe de moi.

Un domino lui prit brusquement le bras et marcha avec lui sans lui parler. — Eh bien, lui dit Charles s'arrêtant dans un coin, est-ce là tout, et n'as-tu rien à me dire ?

— Absolument rien, dit le domino.

Et Charles, levant les yeux au plafond et se rongeant un ongle, eut l'air, pour les passants, de dire : Où diable a-t-elle appris cela, je suis le plus intrigué des mortels.

— Je ne te connais pas, reprit le domino, je ne t'ai jamais vu.

Et Charles frappait du pied avec l'air dépité d'un homme auquel on raconterait ses aventures les plus secrètes. Et un de ses amis voyant son air, disait : Il paraît qu'on en dit de dures à Charles.

— Je t'ai pris le bras, ajouta le domino, parce que tu passais près de moi et que c'était le seul moyen de me débarrasser d'une de mes amies qui s'était accrochée à moi et ne voulait pas me quitter. Je te remercie et je te quitte.

Charles, resté seul, garda quelque temps l'air d'un homme très préoccupé des révélations qu'on vient de lui faire.

L'ami qui l'avait déjà observé l'aborda et lui dit : — Eh bien ! tu parais intrigué ?

— Ne m'en parles pas. — Une femme charmante, un lutin pour l'esprit et la malice. — Oh ! elle ne m'a pas ménagé ; elle sait des choses que j'avais cru dérober même à Dieu.—Et je ne puis savoir qui elle est. — Je lui ai fait les questions les plus insidieuses, elle s'en est tirée avec un sang-froid, un tact, une présence d'esprit admirable. — Oh ! je la connaîtrai.

— Heureux coquin, dit l'ami.

Et Charles, se prenant lui-même aux filets qu'il tendait pour les autres, se mit à se dire :

Je suis en effet un heureux coquin.— Ah je saurai qui c'est. — Je suis bien bon de m'occuper ainsi de cette petite Zoé. J'ai, ma foi, bien le temps de me livrer aux vertus de la famille. — Si seulement Robert n'avait pas l'air de me narguer. S'il l'épousait encore. Mais vouloir prendre pour sa maîtresse une femme que moi j'aurais épousée ! Au reste, que Zoé s'arrange, je lui ai donné de bons avis parfaitement désintéressés.

A ce moment, le petit domino noir que Charles prenait pour Zoé, passa devant lui paraissant chercher quelqu'un. Un grand domino, avec un ruban vert au poignet, marchait dans l'autre sens ; le petit domino lui prit le bras, et lui dit :

—Ils ne sont pas arrivés, ou ils ne sont pas ici. Conduisez-moi dans la salle.

Charles sentit en lui-même un mouvement

désagréable; mais un domino lui ayant dit en passant :

Ta cravate est bien mal mise.

Il se mit à la poursuite de cette nouvelle intrigue.

Le grand domino parut surpris et hésitant :
— Allons, allons, M. de Fousseron, lui dit Clotilde, ne faites pas l'homme très occupé. N'ayez pas la mauvaise grâce et la fatuité de me faire croire que je vous dérange. Vous étiez parfaitement abandonné quand je vous ai pris le bras, faites-moi faire le tour de la salle que je trouve *mon infidèle.*

Elle dit ce dernier mot en riant, et tous deux descendirent dans la salle.

— Savez-vous, dit Clotilde, que j'ai bien pensé à votre ami. C'était un beau et noble caractère, et je lui dois des impressions que je ne retrouverai jamais. Ce pauvre Tony !

Le domino frissonna.

— Ah, un mouvement d'impatience ! Les

hommes sont mille fois plus coquets que les femmes, on ne peut, sans les contrarier, leur parler d'un autre, fût-ce même leur meilleur ami. Cependant, il faut vous y résigner, car je n'ai absolument rien à vous dire de vous. Attendez, pressons un peu le pas. Je crois avoir vu les rubans orange. — Je me suis trompée, remontons au foyer. Ce que vous m'avez dit de Vatinel m'a bien touchée; il est triste de penser qu'il n'y a qu'un amour malheureux qui ait cette constance, et....

Ah! cette fois, les voici.

Clotilde quitta le bras du *domino* et alla trouver un groupe formé d'Arthur et de deux *dominos* qui avaient chacun sur l'épaule un nœud de ruban orange.

— Es-tu bien sûr qu'on ne te sait pas ici? dit-elle à Arthur.

Mais c'est à toi, belle veuve, que j'ai à parler.

Le *domino* qu'elle interpellait ainsi hésita et serra le bras d'Arthur.

—Oh! il faut que je te parle, je te permettrai ensuite le tendre tête-à-tête que tu es venue chercher, — mais je ne te le permettrai qu'à ce prix. A ce prix seulement aussi tu peux compter sur ma discrétion.

—T'es-tu donc trouvée si mal du mariage, ma belle veuve, — lui dit-elle quand elle l'eut emmenée dans un couloir des loges, — que tu veuilles ôter par ta conduite à tout honnête homme la tentation de t'épouser, ou bien encore acceptes-tu la cour d'un homme marié, pour n'avoir que les roses du mariage et en laisser les épines à la pauvre femme abandonnée.

—Mon Dieu, madame, dit la veuve, je ne vous connais pas, laissez-moi.

—Mon Dieu, je ne t'en veux pas, ne t'effraie pas ainsi ; garde cette crainte farouche pour des entreprises plus dangereuses que les miennes. Moi je ne t'en veux pas. Que me fait à moi que tu sois la maîtresse de M. de Sommery.

—Madame, je vous en prie...

—Arthur de Sommery est le mieux frisé de tous les hommes qui sont ici, et je suis femme comme toi, quoique moins expérimentée, chère veuve, et je comprends qu'on oublie pour lui tous les devoirs et toutes les conventions. Tiens, ton chevalier nous a suivies. —Affirme-lui au moins que je ne t'ai dit que du bien de lui.

Clotilde et la veuve, en effet, furent rejointes par Arthur et Alida.

—Et vous, chère madame Meunier, refuserez-vous de m'accorder un moment d'entretien. —Oh! ne me regardez pas ainsi avec la grimace d'une finesse que vous n'avez ni dans les yeux, ni dans l'esprit.

La veuve avait parlé bas à Alida, qui répondit : Je serais désolée de vous faire perdre plus longtemps avec des femmes un temps que vous me paraissez très capable d'employer beaucoup mieux.

—Ah! mais voici ce que tu sais dire. —Tu

es comme le paon, chère madame Meunier, tu chantes mal et tu as de vilains pieds. Mais laisse-moi te féliciter, chère madame Meunier, du joli métier que tu fais aujourd'hui, en conduisant cette veuve innocente.

Est-ce par de semblables actions que tu espères réparer la brèche faite à ta vanité, quand tu as épousé ce beau nom de *Meunier*. Hélas, je ne t'en veux pas non plus pour cela. Tu as fait comme presque toutes les filles qui se marient. Tu t'es prostituée pour de l'argent, comme d'autres, qui valent cependant mieux que toi, se sont prostituées pour un nom. Plus honteusement prostituées, il faut le dire, pour des choses dont on peut se passer, que ces malheureuses si méprisées qui ne cèdent qu'à la faim. Chère madame Meunier, je suis ta servante.

Comme Clotilde se retournait pour les quitter, Arthur porta vivement la main à son masque pour le lui arracher.

Mais le bras d'Arthur fut saisi par une main

robuste qui lui fit craquer les os. — Clotilde saisit le bras du domino aux rubans verts, car c'était lui, et se perdit avec lui dans la foule. — Reconduisez-moi, dit-elle, allons-nous-en, allons-nous-en vite.

A ce moment, Charles les arrêta et glissa un papier dans la main du grand domino.

Clotilde continuait à entraîner son cavalier. Comme ils allaient gagner l'escalier, elle vit devant elle un grand domino avec un ruban vert au poignet. Elle demeura interdite, regarda celui qui lui donnait le bras. Ils étaient tout à fait semblables. Tout à coup, elle arrêta le nouveau venu, et lui dit à l'oreille. — Au nom du ciel, qui êtes-vous? — Robert Dimeux, répondit le domino.

— Et vous donc, dit-elle à son cavalier.

— Moi, madame, répondit-il d'une voix tremblante d'émotion, je suis Tony Vatinel, le fils du maire de Trouville.

XXXIX.

Clotilde sortit précipitamment de l'Opéra, fit appeler une voiture, et arriva chez elle fort troublée, sans se donner le temps d'aller se déshabiller chez Zoé. — Son mari n'était pas rentré; elle l'avait bien supposé. Mais à peine avait-elle quitté son domino, qu'elle l'entendit rentrer; elle cacha précipitamment son domino, et se glissa dans son lit. Il arriva avec Alida. Alida pleurait?

— Qui me procure, à cette heure, le plaisir de recevoir votre visite?

— Alida a été insultée au bal de l'Opéra par un domino. — Elle en est si chagrine que je n'ai pas voulu qu'elle rentrât chez elle avant de s'être un peu remise.

— Tu étais donc au bal de l'Opéra, dit Clotilde à son mari avec l'air du plus naïf étonnement.

Le frère et la sœur échangèrent un regard.
— Ce n'est pas elle, disait le regard d'Arthur.

— Elle est bien fine, répondait le regard d'Alida.

— Je vois avec plaisir, continua Clotilde, que cette fatigue excessive qui nous a obligés de quitter si tôt la maison où nous avons passé la soirée n'a pas eu de suite, et ne t'a pas empéché d'accompagner ta sœur au bal... Eh! que vous a donc dit de si affreux ce *petit* domino, ma chère Alida?

Le frère et la sœur échangèrent un nouveau regard, qui cette fois dit : — C'est elle.

— Une foule d'infamies, dit Alida.

— Mais encore.

— Elle m'a dit que je recevais mauvaise société, — que mon mari faisait des affaires en juif, etc., etc.

Clotilde ne manifesta aucune surprise, — et dit : — Voilà tout! — Mais ce sont de ces choses qu'on peut dire à tout le monde, et que leur banalité empêche d'être blessantes.

Le regard d'Arthur dit à Alida : — Ce n'est pas elle.

— Ma foi, — répondit le regard d'Alida, — je n'y comprends rien, et j'ai des doutes.

Mais le regard d'Alida reprit la parole, — et fit remarquer à celui d'Arthur que Clotilde n'était pas coiffée pour la nuit.

—Clotilde, dit Arthur, vous étiez au bal de l'Opéra ; — ne cherchez pas à le nier ; — je le sais.

— Si vous le saviez de façon qu'on ne pût le nier, vous ne vous donneriez pas tant de peine pour me le faire dire.

Alors le regard d'Alida fit voir au regard d'Arthur une manche du domino qui passait par dessous d'autres vêtements que Clotilde avait jetés dessus.

Arthur tira le domino, et dit : Je n'ai plus rien à demander.

Alida se jeta sur le domino et se mit à en déranger tous les plis avec une sorte de fureur.

— Ah! Arthur, — dit-elle, — tiens, tiens, j'en étais bien sûre, c'était elle ; — et elle montra un nœud orange qu'elle avait au bal détaché de son épaule et attaché précipitamment après le domino de Clotilde, pendant que celle-ci se dérobait à leurs regards.

Arthur fut un moment muet de surprise et de colère.

—Vois-tu, Arthur, dit Alida, —c'était bien elle ; j'avais bien reconnu la voix de Clotilde Belfast.

—Madame Meunier, dit Clotilde, vous êtes chez madame de Sommery, qui vous rappelle qu'il est temps que vous rentriez chez vous.

—Arthur, dit Alida, on me chasse de chez toi.

—Ah ! dit Arthur, mon père avait bien raison. — Voilà ce que j'ai gagné à introduire dans une famille respectable une fille de rien.

Clotilde se leva sur son séant ; — elle était pâle ; — elle ouvrit les lèvres, — mais ce ne fut que dans son cœur qu'elle prononça ces paroles :

—Arthur, je n'oublierai jamais ce que vous venez de dire.

XL.

Le lendemain matin, après un bain et quelques heures de sommeil, Robert et Tony Vatinel se trouvaient à déjeuner ensemble. — Je te cherchais, dit Robert, pour vous réunir quand je vous ai vus ensemble, une demi-heure avant le départ de Clotilde. — Le hasard a fait mieux et plus vite que moi. La scène a dû être assez plaisante, car, d'après la question qu'elle m'a faite, tu ne t'étais pas fait reconnaître. T'a-t-elle parlé de toi?

Tony raconta à Robert toutes les paroles de Clotilde jusqu'à la plus insignifiante.

ROBERT.

Je lui avais montré tes lettres, mais je ne savais pas que tu étais parti presque en même temps que la dernière, — et que celle par laquelle je te conseillais de revenir n'arriverait à New-Yorck que longtemps après que tu serais à Paris. — J'en suis fâché pour ma lettre, qui était un morceau de physiologie assez remarquable. — Ta docilité à te costumer comme moi a porté ses fruits. — Le moment est on ne saurait plus favorable pour mettre à exécution le nouveau plan que j'ai conçu pour ta guérison. — D'abord, quelle impression a produit sur toi la vue de Clotilde?

TONY VATINEL.

Je ne l'ai pas vue. — J'ai entendu sa voix;

— j'ai senti la pression de son bras ; — j'étais séparé d'elle par tout ce masque, à travers lequel mon imagination ne pouvait recomposer son visage. Néanmoins, l'impression a été très violente.

ROBERT.

Comme je te l'avais écrit, — tu seras l'amant de Clotilde, et seulement alors tu cesseras de l'aimer.

TONY VATINEL.

Tu te trompes, je n'aime plus Clotilde, — Clotilde qui s'est jetée volontairement aux bras d'un autre, — Clotilde honteusement souillée ; et voilà pourquoi je suis revenu. Mais j'ai au cœur une blessure dont je mourrai. Je veux la voir, mais non pas pour renouer un lien rompu, non pour chercher dans son cœur une route tracée déjà par un autre. — Mais quand je l'aurai vue — dans sa maison, — dans son ménage ; — quand je serai bien sûr que c'est elle, — quand je l'aurai entendu appeler madame de Sommery, — quand je l'aurai ainsi appelée moi-même, et quand elle aura répondu à ce nom, — quand je l'aurai vue avec son mari, — alors je serai bien et parfaitement guéri. — Dans la position de Clotilde, — elle ne peut prononcer une parole, faire un geste, — qu'elle ne m'inspire du mépris et du dégoût. — Je veux la voir ; — tu me conduiras chez elle.

ROBERT.

Allons, allons, tu es bien libre de te figurer que c'est pour cela que tu demandes à la revoir. — Tu y viendras vendredi.

TONY VATINEL.

C'est après-demain...

ROBERT.

C'est long, — n'est-ce pas ? — Tu es si pressé de ne plus l'aimer.

XLI.

Un jeune homme, prétendant avoir à parler à Robert Dimeux d'une affaire importante, fut introduit auprès des deux amis. Il venait de la part de M. Charles Reynold, pour savoir la réponse de M. Dimeux à une lettre que M. Reynold lui avait remise en mains propres.

L'air solennel du jeune homme étonna Dimeux.

— Du reste, il ne se rappelait pas avoir reçu une lettre de Charles.

— Il vous l'a remise lui-même.

— Je me rappelle encore moins cette circonstance.

— Attends un peu, dit Tony Vatinel ; cette nuit au bal de l'Opéra on m'a remis un billet qui à coup sûr n'est pas pour moi, et que j'attribue au costume que tu m'avais fait prendre, et qui peut bien avoir trompé deux personnes. Voici le billet.

Il était écrit au crayon, — et contenait ce peu de paroles :

« Vous êtes un lâche et un traître ; je ne puis souffrir que vous perdiez Zoé. Il faut que nous nous battions ; — j'enverrai demain matin savoir quelle est votre heure et quelles sont vos armes.

CHARLES REYNOLD. »

—C'est précisément pour cela que je viens, monsieur, dit l'étranger.

— Eh bien! monsieur, faites-moi le plaisir de dire à Charles...

A ce moment Charles entra...

Mais il faut prendre les choses d'un peu plus haut.

XLII.

Charles ne s'était pas couché. Il avait attendu dix heures, et était allé chez Zoé. Il lui trouva l'air fatigué et abattu.

CHARLES.

Est-ce que tu n'as pas bien dormi, Zoé?

ZOÉ.

Non.

CHARLES.

Je le crois bien.

ZOÉ.

Qui te rend si savant?

CHARLES.

On sait ce qu'on sait.

ZOÉ.

Mais toi-même, tu as un air plus que singulier. — Un habit boutonné jusqu'au col, — l'œil sévère, la voix brève : — Qu'est-ce que tu as ?

CHARLES.

Cela ne regarde pas les femmes.

ZOÉ.

Je ne suis pas une femme, je suis ta cousine et ton amie. — Tes paroles sont graves, ta voix solennelle, ton maintien digne ; — cela n'est pas naturel...

CHARLES.

C'est bien. — Mais je veux te donner quelques conseils. — Zoé, ma cousine, tu te perds.

ZOÉ.

Et toi, Charles, mon cousin, tu perds la tête. Est-ce pour me dire de semblables sornettes que tu prends un visage si grave et si terrible, un regard si fixe et des airs de tête si majestueux? Si tu savais à quoi j'ai passé la nuit...

CHARLES.

Je le sais.

ZOÉ.

J'espère bien que non; — j'en serais trop honteuse.

CHARLES.

Alors, ne te prive pas de la honte, car je sais tout.

ZOÉ.

Qu'as-tu été faire au bal de l'Opéra? — Est-ce pour y voir Alida? — Tu es donc décidément bien amoureux d'elle?

CHARLES.

Il ne s'agit pas de ma conduite, mais de la

tienne. Zoé, vois-tu, un garçon peut user de sa liberté, parce qu'il est seul responsable de ses actions. Mais une fille, c'est bien différent.

ZOÉ.

Mais de quoi veux-tu parler, Charles? Tu commences à me faire peur.

CHARLES.

Zoé, tu te rappelleras toujours Charles Reynold, n'est-ce pas?

ZOÉ.

Mais, mon cousin, tu n'es pas encore à l'état de souvenir.

CHARLES.

Ton cousin, qui t'aimait comme un frère.

ZOÉ.

Mais....

CHARLES.

Qui aurait voulu te voir heureuse.

ZOÉ.

Ah ça...

CHARLES.

Qui a toujours été le meilleur de tes amis.

ZOÉ.

Certainement, mais...

CHARLES.

Jusqu'au dernier moment.

ZOÉ.

Nous n'en sommes pas là.

CHARLES.

Tu penseras quelquefois à lui et tu le regretteras.

ZOÉ.

Est-ce que tu t'en vas? — Où vas-tu?

CHARLES.

Peut-être bien loin.

ZOÉ.

Ce ne peut pas être assez loin pour justifier de pareils adieux et de semblables attendrissements.

CHARLES.

. . . . . .

. . . . *Pauperum tabernas regumque turres.*

ZOÉ.

Ce n'est pas la peine de parler latin,

je ne te comprenais déjà pas auparavant.

CHARLES.

Tu consoleras ma mère.

ZOÉ.

Voyons, Charles, réponds-moi. — Qu'est-ce que tout cela veut dire?

CHARLES.

Et peut-être, — que dis-je! — sans doute, tes vœux sont contre moi?

ZOÉ.

Quels vœux?

CHARLES.

On n'a qu'à se rappeler Sabine et Chimène.

ZOÉ.

Ah! c'est de la tragédie.

Je suis Romaine, hélas! puisque mon époux l'est.

CHARLES.

Tu vois, tu es pour l'amant contre le frère.

ZOÉ.

Moi, je récite; — je suis prête à dire le contraire.

Sors vainqueur d'un combat dont Chimène est le prix.

CHARLES.

Ah! Zoé, — me dis-tu cela sérieusement?

ZOÉ.

Voyons, Charles, — qu'est-ce qui t'arrive? — Est-ce que tu vas te battre?

CHARLES.

Eh bien! oui; — je voulais te le cacher, mais, puisque tu l'as deviné...

ZOÉ.

Comment? avec qui? pourquoi? Mais tu es fou...

CHARLES.

Comment? Cela se décide en ce moment même. — Avec qui? Avec Robert Dimeux.

ZOÉ.

Avec M. Robert? — Charles, ce n'est pas vrai, n'est-ce pas?

CHARLES.

Rien n'est plus vrai.

ZOÉ.

Quelque querelle ridicule — pour quelque femme.

CHARLES.

Tu l'as dit.

ZOÉ.

Ah! j'avais donc un pressentiment quand j'ai passé toute cette nuit à pleurer. — Mais cela ne sera pas. M. Dimeux est un homme raisonnable.

CHARLES.

Quoi! tu veux me faire croire que tu es allée au bal pour pleurer.

ZOÉ.

J'ai quitté à minuit. — Il reste bien assez de temps pour pleurer jusqu'au jour.

CHARLES.

Je te parle du bal de l'Opéra.

ZOÉ.

C'est à cause du bal de l'Opéra que j'ai pleuré.

CHARLES.

On t'avait peut-être forcée d'y aller.

ZOÉ.

Personne ne m'en a seulement parlé. — Et pour quelle femme encore est-ce que tu te bats? Je voudrais que tu fusses tué.

CHARLES.

Merci.

ZOÉ.

D'abord, on ne se bat que pour des femmes qui ne le méritent pas.—Une honnête femme ne sert jamais de prétexte à de semblables choses.

CHARLES.

Tu es bien sévère pour toi-même.

ZOÉ.

Comment, pour moi-même...

CHARLES.

Je me bats avec Dimeux, parce que tu es allée avec lui au bal de l'Op....

ZOÉ.

Avec Dimeux! — au bal! — moi!

CHARLES.

Oui.

ZOÉ.

Je ne suis jamais allée nulle part avec M. Dimeux, et jamais de ma vie je n'ai vu le bal de l'Opéra. Voilà de jolies choses.

CHARLES.

Allons donc, je vous ai vu sortir d'ici tous les deux, et je vous ai suivis jusqu'à l'Opéra, — et j'ai parlé à Dimeux qui n'a pas pu le nier, — et tu lui donnais encore le bras quand je lui ai donné ma provocation.

ZOÉ.

Mais non, — mais non ; — c'est Clotilde qui s'est habillée ici. — Moi, j'ai passé la nuit à pleurer de ce que tu allais à ce bal, — de ce que tu ne m'aimes plus, de ce que tu aimes Alida.

CHARLES.

Comment, ce n'était pas toi?

ZOÉ.

Non, non, — mille fois non! — Mais tu ne te battras pas, — je ne le veux pas; — c'est impossible; — et pour moi...

CHARLES.

Oui, pour toi, — et aussi pour moi; — pour ton honneur et aussi pour ma jalousie; et puis ton honneur me semble toujours être le mien.

ZOÉ.

Ta jalousie! — Tu es jaloux, — jaloux, — jaloux de moi! — Mais tu m'aimes donc, Charles?

CHARLES.

J'en meurs de désespoir.

ZOÉ.

Et moi, si tu savais, — je ne fais plus que pleurer, — car je t'aime aussi. — Ah! j'ai bien expié ma folie et mes idées romanesques. J'ai été bien malheureuse de te voir parler à d'autres femmes. — Tu n'aimes donc pas Alida?

CHARLES.

Je n'ai jamais pensé à Alida.

ZOÉ.

Quel bonheur! — Mais ce duel, — cet horrible duel?

CHARLES.

Ah! puisque tu m'aimes, je serai vainqueur. — Dis-moi seulement encore une fois:

Sors vainqueur d'un combat dont Chimène est le prix.

ZOÉ.

Ne plaisantons pas. — Mais, puisque ce n'était pas moi, — pourquoi te battrais-tu, alors?

CHARLES.

C'est bien un peu mon idée; mais c'est que mon billet n'était pas très mesuré, — et c'est Dimeux à son tour qui me demandera raison.

ZOÉ.

Raconte-lui ton erreur. — Il t'excusera.

CHARLES.

Mais je ne veux pas que l'on m'excuse.

ZOÉ.

Alors, tu te battras ?

CHARLES.

Je n'en sais rien.

ZOÉ.

Ecoute, Charles, si tu n'arranges pas cette affaire-là autrement, je croirai que tu m'as trompée, parce qu'après votre explication il n'y a aucun prétexte pour que tu te battes; je croirai que tu m'as trompée, et que c'est pour Alida, — et peut-être pour pis encore que tu te bats.

CHARLES.

Ecoute, je vais aller chez Dimeux ; — je vais lui raconter mon erreur ; — puis, je lui dirai :

« Je ne suis plus offensé, mais, si vous croyez l'être par mon épître, je suis prêt à vous en rendre raison. »

ZOÉ.

Et il te dira qu'il n'est pas offensé non plus.

CHARLES.

Peut-être.

ZOÉ.

Va, et reviens bien vite; — je ne vis pas en t'attendant. Ecoute un peu. Quoi qu'il arrive, tu viendras me rendre réponse.

CHARLES.

Oui.

ZOÉ.

Donne-m'en ta parole d'honneur.

CHARLES.

Ma parole d'honneur.

XLIII.

C'est alors que Charles entra chez Robert, et lui dit : — Mon cher Robert, tout est expliqué, je ne suis plus offensé. — Mais si vous l'êtes par ma démarche ou par ma lettre, je suis prêt à vous en faire des excuses ou à vous en rendre raison.

— Mon cher Reynold, répondit Dimeux, je ne vous en veux nullement. — Permettez-moi, au contraire, de vous féliciter de votre air parfaitement majestueux. Je ne veux de vous ni excuses ni coups d'épée.

Charles sortit avec son héraut.

XLIV.

A monsieur Dimeux de Fousseron,

M. et madame Frédéric Reynold ont l'honneur de vous faire part du mariage de mademoiselle Zoé Reynold, leur fille, avec M. Charles Reynold, et vous prient d'assister à la bénédiction nuptiale qui leur sera donnée le........, en l'église Saint-Vincent-de-Paule, leur paroisse.

Paris.

XLV.

A monsieur Robert Dimeux de Fousseron.

M. et madame Emile Reynold ont l'honneur de vous faire part du mariage de M. Charles Reynold, leur fils, avec mademoiselle Zoé Reynold.

Paris.

TABLE

DU TOME PREMIER.

		Pages.
	A C*** S***	1
I.	La plage de Trouville	3
II.	Le château	13
III.		33
IV.		37
V.		53
VI.		63
VII.		67
VIII.		79
IX.		85
X.		95
XI.		105
XII.	Zoé Reynold à Marie-Clotilde Belfast.	113
XIII.	Clotilde à Zoé.	121
XIV.	Robert Dimeux de Fousseron à Tony Vatinel.	125
XV.	Tony Vatinel à Robert Dimeux de Fousseron.	141
XVI.	Robert Dimeux de Fousseron à Tony Vatinel.	143
XVII.		145
XVIII.		149
XIX.		153
XX.		157

		Pages
XXI.	. . . .	169
XXII.	. . . .	171
XXIII.	. . . .	173
XXIV.	. . . .	179
XXV.	. . . .	187
XXVI.	Tony Vatinel à Robert Dimeux de Fousseron.	189
XXVII	Tony Vatinel à Robert Dimeux de Fousseron.	195
XXVIII.	Tony Vatinel à Robert Dimeux de Fousseron.	199
XXIX.	Robert Dimeux de Fousseron à Tony Vatinel.	203
XXX.	. . . .	209
XXXI.	. . . .	217
XXXII.	Un vendredi chez madame de Sommery.	225
XXXIII.	Un mardi chez madame Meunier. . . .	241
XXXIV.	. . . .	257
XXXV.	. . . .	259
XXXVI.	. . . .	267
XXXVII.	. . . .	269
XXXVIII.	. . . .	279
XXXIX.	. . . .	295
XL.	. . . .	301
XLI.	. . . .	305
XLII.	. . . .	309
XLIII	. . . .	323
XLIV.	A Monsieur Dimeux de Fousseron. .	325
XLV	A Monsieur Robert Dimeux de Fousseron.	327

FIN DE LA TABLE DU PREMIER VOLUME.

PUBLICATIONS NOUVELLES.

C. PECQUEUR.

DES INTÉRÊTS DU COMMERCE, DE L'INDUSTRIE ET DE L'AGRICULTURE; Ouvrage couronné, en 1838, par l'Institut de France (académie des sciences morales et politiques). 2 forts vol. in-8.   16 »

COMBES ET TAMISIER.

VOYAGE EN ABYSSINIE, dans les pays des Galla, de Choa et d'Ifat. 4 vol. in-8.   32 »

CARTE D'ABYSSINIE.   2 50

A. JARDOT.

RÉVOLUTIONS DES PEUPLES DE L'ASIE MOYENNE, influence de leurs migrations sur l'état social de l'Europe, avec carte et tableau synoptique. 2 vol. in-8.   16 »

DE BROTONNE.

HISTOIRE DE LA FILIATION ET DES MIGRATIONS DES PEUPLES. 2 vol. in-8.   16 »

LEGUEVELLE DE LA COMBE.

VOYAGE A MADAGASCAR. 2 forts vol. in-8 et carte.   16 »

TAMISIER.

VOYAGE DANS L'INTÉRIEUR DE L'ARABIE DÉSERTE. 2 vol. in-8 et carte.   16 »

J.-J. BARRAU.

HISTOIRE DES CROISADES CONTRE LES ALBIGEOIS. 2 vol. in-8.   16 »

A. GUEROULT.

LETTRES SUR L'ESPAGNE, politiques et littéraires. 1 vol. in-8.   8 »

AZAIS.

DE LA PHRÉNOLOGIE, DU MAGNÉTISME ET DE LA FOLIE. 2 vol. in-8.   13 »

ALFRED MICHIELS.

ÉTUDES SUR L'ALLEMAGNE. 2 vol. in-8.   16 »

ED. COMBES.

SEDELMA OU L'ESCLAVAGE EN AFRIQUE. 2 vol in-8.   15 »

VOYAGE AU SENNAR, CHEZ LES BICHARI ET DANS L'ARABIE PÉTRÉE. 2 forts vol. in-8 et carte.   16 «

Imprimerie d'AMÉDÉE GRATIOT et Cᵉ, rue de la Monnaie, 11.

www.ingramcontent.com/pod-product-compliance
Lightning Source LLC
Chambersburg PA
CBHW060457170426
43199CB00011B/1243